PROGRAMAÇÃO NEUROLINGUÍSTICA & SAÚDE

CARO LEITOR

Quero saber sua opinião sobre meus livros.

Após a leitura, curtame no facebbok/chartonbaggiorecursos ilimitados, siga-me no Instagram: @chartonbaggio e no Youtube: Charton Baggio e visite-me no meu site www.chartonbaggio.com.

Cadastre-se e contribua com sugestões, críticas ou elogios.

Boa leitura! #vivacompaixão

Charton Baggio Scheneider

MBA, MPNLP & HEAD COACH

PROGRAMAÇÃO NEUROLINGUÍSTICA & SAÚDE

UMA VIAGEM AO CONHECIMENTO DE COMO FUNCIONAMOS

Baggio-Scheneider, Charton

Programação Neurolinguística & Saúde: Uma Viagem Ao Conhecimento De Como Funcionamos / Charton Baggio Scheneider – Londrina/PR: Charton Baggio Coaching Solution; 2020.

1. Neurolinguística : Programação : Psicoterapia
2. Linguagem : Psicologia
3. Programação Neurolinguística : PNL : Psicologia
4. Psicolinguística
5. Hipnotismo : Uso terapêutico : Medicina
6. Neurociência

www.chartonbaggio.com

www.chartonbaggio.com

@ChartonBaggioRecursosIlimitados

Charton Baggio

@chartonbaggio

Sumário

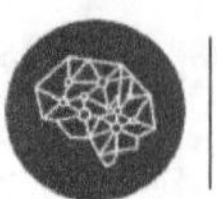

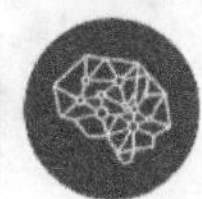

Nota de Advertência

Antes de mais nada quero deixar aqui um alerta a você leitor. O trabalho com alergias, como com qualquer outro problema de saúde, não dispensa o acompanhamento de um médico. Assim, se você não for médico, aconselhe seu paciente a procurar um para fazer o acompanhamento. Eu sugiro que você tenha em seu rol de relações uma lista de médicos que possam acompanhar seus casos, de preferência algum médico da área (busque em todas) que tenha afinidade com a PNL. Isto é de extrema importância, pois algumas alergias podem provocar choques anafiláticos graves e até fatais. Assim, antes de usar qualquer uma das técnicas aqui apresentadas, o terapeuta/coach/programador neurolinguísta deve certificar-se de que seu cliente está sob os cuidados de um médico competente. (*Evidentemente esta dica vale para todas as demais técnicas descritas neste livro*)

A PNL está fortemente estruturada na crença de cura, na possibilidade, no resultado, assim, acreditamos que devido a ser possível influenciar o Sistema Imunológico de uma pessoa no que se refere às reações alérgicas, esses mesmos princípios podem ser estendidos a doenças mais graves e generalizadas do Sistema Imuno, tais como: o câncer, a AIDS, o lúpus, a artrite e outros problemas que se enquadram na categoria "sistêmicos" que tenham como ponto central o comportamento do Sistema Imunológico.

Sobre o Autor

"Sempre há um espaço em sua vida para pensar maior, empurrar limites, imaginar o inimaginável."

-- Charton Baggio Scheneider

Por mais de três década, Charton Baggio Scheneider vem servindo como conselheiro de líderes em todo o país. Uma autoridade reconhecida na psicologia de liderança, negociações, turnaround organizacional, e desempenho máximo, foi honrado por seu intelecto estratégico e empenho humanitário. A Fundação Charton Baggio (ao qual preside), é uma organização sem fins lucrativos que provê ajuda aos mais necessitados e jovens menos favorecidos. Charton marcou diretamente a vida de milhares de pessoas em todo o território nacional através de seus eventos.

O que começou como um compromisso em ajudar os indivíduos a transformarem a qualidade das suas vidas cresceu fazendo com que Charton seja requisitado por líderes de todas as áreas – presidentes e alta direção de empresas, políticos, atletas, profissionais da saúde, professores, pais. Charton supervisiona pessoalmente a "Academia de Liderança Juvenil" que todos os anos ajuda centenas de estudantes e professores a projetarem e iniciarem programas para trazer a casa até as suas escolas.

Charton foi Presidente da Federação Internacional do Comércio – seccional Brasília (uma organização não governamental de âmbito mundial de jovens profissionais e empreendedores com idades entre 18 e 40 anos, os quais buscam, por meio do aprimoramento do individuo, as bases para o crescimento pessoal e de suas comunidades), e é membro do conselho de duas outras Fundações/Institutos: o ICPA - Instituto Ciências e Pesquisa Aplicada; e da FEPAT - Fundação de Educação e Pesquisa Aplicada em tecnologia.

Charton é autor, terapeuta, conferencista, autoridade em saúde, coach de resultados, produtor de sistemas de treinamento em áudio, orador premiado, membro de diversas organizações assistenciais e comunitárias, e Presidente oito empreendimentos.

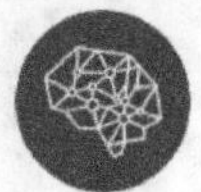

Charton é um dos maiores oradores do país; milhares de pessoas de diversos estados já assistiram a seus seminários. Charton criou um sistema de "imersão total" que produz a educação, estratégias, e energização para mudança mensurável e duradoura. Ele também é o fundador da Universidade da Excelência que reúne os principais peritos dos seus respectivos campos no país.

Charton foi honrado por seus feitos como "Jovem Mais Destacado" e "Eficiência Administrativa" da Federação Internacional do Comércio com sede nos EUA e filiais em mais de 140 países, bem como foi eleito o "Melhor Treinador/Facilitador" do estado do Rio Grande do Sul.

Charton possui uma incrível perspicácia para criar jogos inovadores que levam as pessoas a assimilarem os mais complexos conceitos de vários mercados de forma educativa, energizante e entretida - como o jogo chamado *Bank-Game* que visa instruir e capacitar as pessoas e organizações para o mercado financeiro.

Como autor, Charton já escreveu 23 livros na área profissional, e 31 livros sobre Judaísmo.

Charton possui um MBA Executivo Internacional – Latu-Senso (pela Amana-Key de SP), perito e autoridade nacional na Psicologia de Alta Performance – pessoal, profissional e turnaround organizacional. Tem estabelecido esta identidade pela sua consistente habilidade em alcançar as pessoas e organizações e auxiliá-las a criar constantemente resultados mensuráveis – produzindo mudanças nos indivíduos e organizações para quem trabalha. Sensibilidade humana, sentido ético e profissional são constantes nos seus trabalhos.

Charton é um empresário e altamente respeitado como a autoridade de ponta na Psicologia de Alta Performance faz com que os líderes e empreendedores que já estão no ápice do sucesso em todas os campos respectivamente tem em Charton um conselheiro estratégico quando eles precisam enfrentar decisões críticas que requerem uma procura inclusive de opções criativas e uma avaliação sistemática de probabilidades e consequências.

Membro de diversas associações de classe-mundial, como:

- American Association For The Advancement of Science (AAAS);
- American Society for Training and Development (ASTD);
- Associação Brasileira de Recursos Humanos (ABRH);
- Associacion Latinoamericana de Programacion Neurolinguística;
- Creative Education Foundation;
- Instituto Nacional de Capacitação (INC);

- JCI Training Institute;
- Joseph Campbell Foundation,
- Junior Chamber International (JCI); e,
- New York Academy of Sciences.

Charton formou-se em Terapia e Hipnoterapia Ericksoniana; ao qual é certificado pelo *The Milton H. Erickson Foundation, Inc.* de Phoenix, Arizona/USA. Possui ainda diversos cursos de especialização e atualização na área da terapia e hipnose clínica.

Sua formação inclui ainda os Títulos de Graduação em Programação Neurolinguística (PNL), com a titulação de Practitioner e Master Practitioner.

Formado pelos melhores centros e institutos, tais como:

- Centro Sulbrasileiro de PNL (Porto Alegre/RS);
- Eastern NeuroLinguistic Programming Institute (New Jersey/USA);
- Primier Instituto Sud Americano de PNL (Buenos Aires/Argentina); e pela,
- The Society of NeuroLinguistic Programming (San Francisco/USA).

... onde teve a oportunidade de treinou com expoentes nomes Internacionais e Nacionais no campo da Neolinguística, como: Anthony Robbins, Robert Dilts, M.A. Linda Sommer, Lic. Maria Ana Chren, Dr. Maurício Chrem, Ph.D. Kelly Patrick Gerling, Lic. Beatriz Ces, Ph.D. Jeffrey K. Zeig, Dr. Nelson Spritzer, Dr. Lair Ribeiro, MsC. George V. Szenészi.

Cursou o programa de Pensar de Alta Performance do *Braintechnologies Institute* (Colorado/USA).

Charton especializou-se no "Modelo de Comportamento Biopsicosocial do Adulto" e em "Diagnóstico Empresarial" pelo *National Values Center* (Texas/USA) – sendo representante de suas tecnologias no Brasil. E, em "Liderança e Management" pelo *The Leadership Project* (Kansas City/USA). Tendo participado ainda de um programa de Transferência de Tecnologia (Desenvolvimento da Capacidade de Comportamento Empreendedor), promovido pela ONU através do Programa das Nações Unidas para o Desenvolvimento – (PNUD), e pela Agência Brasileira de Cooperação – (ABC), vinculada ao Ministério das Relações Exteriores.

Além de tudo isso, Charton teve a oportunidade de estar junto a experts e mestres no quilate de: Ph.D. Don Beck, Christopher C.Cowan, Peter Drucker, Hazel Henderson, Hirotaka Takeuchi, Gary Hamel, Richard

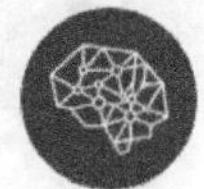

Barrett, Warren Bennis, Margaret J. Wheatley, Dudley Lynch, Peter Senge, William Ury, Michael E. Porter, Oscar Motomura, entre outros.

Criador do Sistema Result Coaching que inclui os processos de Business Result Coaching, Result Coaching for Coach, Values Coaching, Game Business Coaching, e Financial Result Coaching – com 30 anos de vivências, experiências e cases de sucesso em empresas de todos os portes (nacionais e multinacionais) e segmentos (do privado ao governamental).

Formado em Professional and Self Coaching e Certificado em Perfil Comportamental, pelo Instituto Brasileiro de Coaching e com certificações pelos mais importantes órgãos e institutos de Coaching do mundo como:

- Behavioral Coaching Institute (BCI),
- BCI Accredited Learning Partner,
- Internacional Coaching Council (ICC),
- European Coaching Association (ECA),
- Global Coaching Community (GCC),
- International Association of Coaching Institutes,
- International Association of Coaching (IAC),
- Metaforum International,
- Graduate School of Master Coaches,
- Prime e Global Compact da ONU.

Já atuou como professor-convidado no curso de Pós-Graduação Executivo em Tecnologia nas cadeiras de Recursos Humanos e Jogos Empresariais, e no curso de Gerência de Projetos em Engenharia de Software na cadeira de Alta Performance; ambos da Universidade Estácio de Sá em Brasília/DF; e nas cadeiras de Negociação, Comunicação e Gerenciamento da Comunicação em Projetos do Curso MBA em Gerência de Projetos da Universidade Cândido Mendes.

Entre outras, já realizou trabalhos para empresas/organizações do governo federal, estadual e municipal, empresas do setor hoteleiro, automobilístico, atacadista, agrobusiness, educacional, empresarial, industrial e comercial, clubes de serviços e organizações não governamentais, além de associações de classe em trabalhos fechados e abertos nos estados do RS, PR, MS, MT, GO, DF, SP, RJ, MG e MA.

Palavras que melhor o descrevem: Visionário, líder, filantropo, estrategista, ultrajante, aventureiro, apaixonado, treinador, amigo.

Charton quer ser lembrado como alguém que deixou este mundo como um lugar melhor para se viver.

A lição mais importante que Charton aprendeu é que *"se estamos no rio da vida, você vai bater em algumas pedras. Quando você corre imobilizado, não se abate por ter um fracasso. A chave é se lembrar que não há nenhum fracasso na vida, só resultados. Se você não adquiriu os resultados que você quis, aprenda com a experiência de forma que você tenha referências sobre como tomar melhores decisões no futuro."*

A perspectiva a se manter: Quando Charton precisa ganhar perspectiva, ele contempla as bilhões de estrelas no céu e pensa em todos os universos lá fora. Isso me ajuda a se lembrar que ele é apenas um homem nesta pequena pedra que nós chamamos terra, e que seu propósito exclusivo é viver sua vida completamente e fazer o seu melhor para tocar tantas pessoas quanto ele possa enquanto ele estiver aqui.

Sua citação favorita é: *"A meta definitiva da indagação não deve ser nem alívio nem êxtase em si mesmo, mas a sabedoria e o poder para servir outros. Uma das muitas distinções entre a celebridade e o herói é que o primeiro vive apenas para si, enquanto o outro seus atos redimam a sociedade".* Joseph Campbell

Sua filosofia empresarial essencial: para mudar o mundo, nós temos que nos mudar primeiro.

Seu princípio guia: É em seus momentos de decisão que seu destino é moldado. Para alcançar uma qualidade extraordinária de vida, você tem que decidir o que é mais importante para você e então entra em ação volumosa a cada dia para fazer isto melhor primeiro. De fato, o maior presente que as pessoas extraordinariamente prósperas têm em cima da pessoa comum é a sua habilidade para se fazer entrar em ação.

Sua filosofia para mudança: Mudança normalmente não é uma pergunta de capacidade; quase sempre é uma pergunta de motivação.

Seu melhor modo para manter extremidade competitiva: Aqueles que alcançam parte de sua vida extraordinária possuem o poder fundamental da coragem. Não a ausência de medo, mas a vontade para penetrar as limitações e agir sobre o planejado. O medo pára muitas pessoas de entrar em ação. O medo do fracasso, o medo do sucesso, o medo da rejeição – inconscientes que nós não percebemos frequentemente que nós temos. Para alcançar o verdadeiro sucesso, nós temos que penetrar primeiro o medo. Segundo, nós temos que aplicar estratégias específicas comprovadas para criar impulso em nossa vida – assim as coisas que parecem difícil no princípio com o passar do tempo

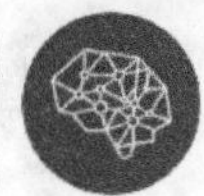

se tornado fáceis. E terceiro, nós temos que criar a vitalidade física e energia que nós precisamos para concluir o que nós aprendemos.

Suas lições empresariais aprendidas: O sucesso deixa pistas! Nós não precisamos reinventar a roda, especialmente quando alguém já navegou as correntezas antes de nós. Aqueles que alcançaram e contribuíram mais e mais com a sociedade invariavelmente estiveram nos ombros das pessoas que vieram antes deles. Se você quer alcançar o sucesso, tudo o que você precisa fazer é achar um modo para modelar esses que já tiveram sucesso.

Sua meta a ser alcançada: O trabalho de vida de Charton sempre tem sido ajudar as pessoas a criar uma qualidade extraordinária de vida – agora seu desafio é achar o melhor veículo para alcançar o maior número de pessoas de modo a realizarem-se.

Como melhorar o trabalho: As pessoas têm dentro deles uma força que é tão poderosa que uma vez liberta, não há nada que pode as parar de fazer tudo o que elas pretendem na vida. Ajudar as pessoas a transformar os seus sonhos em realidade é minha maior excitação e paixão.

Compromisso, Liderança, Perspicácia e Autorização.

O segredo para o sucesso de Charton é a sua habilidade para modelar as estratégias de alguns dos indivíduos mais prósperos no mundo e comunicar estas habilidades poderosamente a outros. Ele é um perito em levar o complexo e sintetizar isto em ferramentas e estratégias imediatamente aplicáveis que simplesmente podem ser utilizadas por virtualmente qualquer um para melhorar a qualidade de suas vida. Porém, a maior vantagem competitiva dele é a sua habilidade para entreter. Como Charton diz muitas vezes, "Nós somos uma cultura de entretenimento, vivendo em uma era de entretenimento. Muitos empreendimentos educacionais não alcançam os resultados que eles desejam por falta de uma ideia simples: A maioria das pessoas seria entretida muito mais que educada. O pedagogo deste século deve ser um Artista extraordinário que Educa as pessoas com as melhores ferramentas, e as Autoriza agir nelas. Esta é a chamada filosofia E-Cubo - Educação-Entreterimento-Energização."

O compromisso de Charton é para com a sua filosofia de Melhoria Constante e Incessante, MCI! o que o guia a se encontrar e modelar alguns dos maiores líderes de nossos dias.

Charton criou um sistema de "imersão total" que produz a educação, estratégias, e impulso para mudança mensurável e duradoura. Charton também é o fundador da Universidade da Excelência que reúne os peritos dos principais campos de conhecimento do país.

Charton já foi vinculado em diversos meios de comunicação (rádios AM e FM, emissoras de TV, e jornais) de todo o país dando entrevistas sobre os mais diversos temas.

Como um catalisador reconhecido de sistemas em desenvolvimento e estratégias para transformações aceleradas e duradouras em indivíduos e organizações, Charton agora também é constantemente procurado por psicólogos e psiquiatras para os treinar.

O compromisso de Charton é criar um legado duradouro que marcará o mundo que só é ultrapassado pela sua paixão pela família como um pai dedicado.

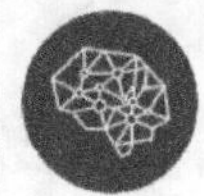

Por onde já andei

Nestes anos de trabalho e dedicação total aos meus clientes, tive a oportunidade de estar presente em uma variedade de empresas e organizações em uma extensiva gama de segmentos, e de prover nossos recursos para que eles pudessem obter práticas extraordinárias. O seguinte é uma amostragem dos clientes que ajudei a ter realização nos seus objetivos:

Prefácio do Dr. Nelson Spritzer

Nos anos 1990, no Brasil, praticamente não havia ninguém que praticasse ou ensinasse uma nova ferramenta de mudanças que surgira nos anos 1970, na Califórnia – EUA, através da genialidade de dois parceiros em descobertas: Richard Bandler e John Grinder.

Um resumo do contexto no qual eu me encontrava naquela época. Eu era um jovem médico, formado em 1978, já bastante prestigiado. Em 1983, após concluir meu mestrado, ganhei um prêmio internacional de Cardiologia, na cidade de Vancouver-Canada, por descobrir que pessoas com pressão alta tendem a sentir menos o paladar ao sal. Em seguida, após concluir meu doutorado, fui o responsável pela introdução *Monitorização Ambulatorial da Pressão Arterial* (MAPA) no Brasil e um dos pioneiros no estudo da fração proteica do veneno da jararaca para baixar a pressão arterial.

Por tudo isso era palestrante e convidado frequente em diversos eventos científicos internacionais. Num desses eventos tomei contato com a Programação Neurolinguística (PNL). Dali em diante foi uma sucessão de encontros, descobertas e mudanças que transformaram minha carreira e minha vida. Um caminho nem sempre fácil e cheio de armadilhas.

Em 1991, após consolidar formação e experiência razoável em praticar a PNL com diversos pacientes da minha própria clínica resolvi abrir uma escola. O então *Centro Sulbrasileiro de PNL* foi a primeira no sul do Brasil e a segunda do Brasil (havia uma em São Paulo). Com o apoio irrestrito da minha dileta mestra e amiga Linda Sommer, do *Eastern NLP Institute*, e seu marido Joseph Yeager um dos mais profícuos criadores de novos padrões na PNL, estabeleci um modelo de ensino, pratica e atendimento que repercute até hoje com milhares de alunos espalhados pelo mundo.

Nos primórdios da nossa escola, entre os mais inquisidores, inquietos e curiosos alunos que vinham aprender comigo estava um jovem gaúcho, Charton Baggio – na época não incluía o sobrenome Scheneider (curiosamente idêntico ao da minha avó materna). Logo, revelou-se atento, perspicaz, não se satisfazia com qualquer resposta e sempre procurava verificar o que era dito. Terminada a sua formação inicial comigo perdi seu rastro, mas nunca permiti a admiração e a amizade por ele.

Recentemente graças aos milagres das redes sociais, retomamos contato. Uma oportunidade muito especial, pois, me permite escrever algumas palavras a mais do que os curtos textos das redes sociais permitem.

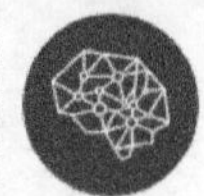

Ao ler o manual, de cara, duas constatações: é uma empreitada de folego – mais de 700 páginas! e é integro, honesto, procurando retratar aquilo que foi, é e ainda continuará sendo o que é relevante em PNL. Depois de tantos mistificadores e mistificações, que só empobreceram o modelo original porque serviram apenas para propaganda e marketing com pouco impacto na vida das pessoas, a obra de Charton vem resgatar, e na devida ordem como as coisas aconteceram, o que foi o surgimento da PNL, como se sucedeu, seus principais portadores de insights, sua estrutura e suas aplicações.

Trata-se de um manual com uma objetividade necessária para o praticante inicial não se perder, contém exemplos práticos e diagramas e imagens simplificadoras das estruturas mais complexas. Sua leitura é agradável e propõe desde o início que o leitor pratique.

Isso aliás é fundamental enfatizar-se, não há como se adquirir competências em geral, e em PNL em especial, sem que o aluno/leitor pratique tudo o que é ensinado. E só praticar não é suficiente, é preciso um feedback qualificado enquanto se pratica. Sem isso o que fica é apenas o conteúdo, os conceitos. A PNL pode ser entendida, mas não adquirida pelo leitor.

O Charton percorreu caminhos muito parecidos com os meus. Foi até a Linda Sommer, no *Eastern NLP Institute*, foi até o Dudley Lynch no *Brain Technology Institute*. Fez sem dúvidas uma sólida formação. Revela-se um escritor ético, congruente e procura ser profundo no que aborda.

Como seu professor e amigo de longa data é uma alegria retomar este valioso contato especialmente através desta honrada oportunidade de prefaciar uma obra tão abrangente e completa sobre a ferramenta que ambos escolhemos como instrumental nas nossas escolhas de carreira e de vida e, portanto, temos muito carinho e cuidado pelo que se faz com ela.

O leitor será brindado com conteúdo honesto e profundo. O praticante será brindado com uma série de ferramentas que tem sua base explicada, sua estrutura detalhada e sua prática estimulada. Os amantes das inovações e os praticantes veteranos da PNL se sentirão em boa companhia ao ler este manual. Algo de bom e de útil foi feito aqui, para servir a todos. Se não por mais, só isso já justifica dizer parabéns Charton, valeu muito a pena!

- Dr. Nelson Spritzer

Porto Alegre, maio de 2018.

Uma Revisão dos Principais Pontos da PNL

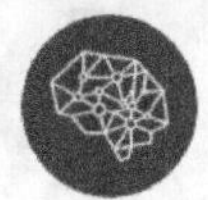

O Que é Programação Neurolinguística (PNL)

A PNL é uma disciplina que se desenvolveu a partir da tarefa de responder à seguinte pergunta:

❖ COMO ESPECIFICAMENTE TERAPEUTAS CONSIDERADOS MESTRES EM COMUNICAÇÃO CONSEGUIAM, DE FORMA CONSISTENTE E EXITOSA, OS OBJETIVOS TERAPÊUTICOS QUE SE PROPUNHAM?

E, através desta busca, se chegou a uma pergunta ainda mais fundamental:

❖ QUAL É A ESTRUTURA DA EXPERIÊNCIA SUBJETIVA NOS SERES HUMANOS?

A resposta a estas duas perguntas fundamentais provocaram o desenvolvimento de poderosas e efetivas ferramentas de comunicação e mudanças de extrema utilidade na área da psicoterapia, na educação, nas organizações empresariais e institucionais e em qualquer profissão cuja atividade tenha a ver com comunicação.

A PNL é uma revolucionária forma de utilização da comunicação humana. Podemos definir a PNL definindo cada uma das palavras que a compõem. Do nome:

❖ PROGRAMAÇÃO: Programar. Refere-se ao processo de organização dos componentes de um sistema, neste caso, o dos sistemas representacionais sensoriais, mediante o qual a gente pensa, aprende, se motiva, muda. É a habilidade para descobrir e utilizar os programas que nós usamos (nossa comunicação para conosco e para com os outros) em nosso sistema neurológico para alcançarmos nossos resultados específicos e desejados.

❖ NEURO: Neurônios, Sistema Nervoso. Derivado do grego *"neurón"* = nervo, indica o princípio fundamental de que toda a conduta também é o resultado de um processo neurofisiológico (quer dizer que o Sistema Nervoso participa). Refere-se ao sistema dos processos internos, conscientes e inconscientes, através dos quais toda a experiência é recebida e processada – nossos cinco sentidos: Visual, Olfativo, Auditivo, Gustativo, Cinestésico (sensação e emoção)

❖ LINGUÍSTICA: Linguagem, comunicação. Derivada do latim "língua" = linguagem, indica que este processo neurológico é representado, ordenado e codificado em sequências específicas formando modelos e estratégias através da linguagem. O idioma e outros sistemas de comunicação não-verbais pelos quais nossas representações neurais são codificadas, ordenadas e determinado seu significado. Inclui: Imagens, Sons e Sentimentos dos... sabores, cheiros e palavras (self-talk).

Programação Neurolinguística significa programar o sistema nervoso através da linguagem, da comunicação para se conseguir os resultados que se quer. PNL não é somente um conjunto de técnicas, é, sobretudo, **UMA ATITUDE.** Essa atitude se relaciona com curiosidade, com querer saber sobre as coisas, de querer inteirar-se das coisas, como decidir influenciá-las de maneira que valha a pena...

Em outras palavras, PNL é como usar o idioma da mente para alcançar constantemente nossos resultados específicos e desejados.

❖ CURIOSIDADE PARA VER A VIDA COMO UMA OPORTUNIDADE SEM PRECEDENTES PARA APRENDER.

É o primeiro modelo que detecta e descreve a relação de como processamos as informações externas e internas e seus efeitos nos nossos comportamentos, emoções e relações. PNL é simplesmente mudança orientada para metas objetivas, para resultados, aplicável para qualquer sistema humano: famílias, grupos, empresas, comunidades, países etc., ou simplesmente para um ser humano. PNL é um caminho para a busca da excelência humana.

❖ TAMBÉM PODEMOS DIZER QUE A PNL É:

O estudo da estrutura da experiência subjetiva, na qual se pode descobrir como uma pessoa organiza sua realidade que não é A REALIDADE: **"O MAPA NÃO É O TERRI TÓRIO"**. Como Alfred Korzybski fez notar em seu *Sience & Sanity*, *"As características importantes dos mapas devem ser notadas. Um mapa não é o território que ele apresenta, mas, se estiver correto, tem uma estrutura similar ao território, o que é válido para sua utilização"*.

Um modelo sobre como funciona nossa mente, como a linguagem influi nela e como usar este conhecimento para programar e/ou reprogramar a nós mesmos ou sermos facilitadores da mudança que outras pessoas querem fazer. O primeiro modelo detecta e descreve a relação entre como processamos neurologicamente a informação e seus efeitos em nossas emoções, estados e comportamentos. A ênfase está posta na experiência interna e como esta experiência interna afeta também nossa experiência externa e nossa interação com outras pessoas.

E, finalmente, podemos dizer que a PNL é um modelo único da experiência subjetiva. Apesar de seu nome soar a tecnologia, **O CONJUNTO DE PRESSUPOSIÇÕES, INSTRUMENTOS PERCEPTUAIS E TÉCNICAS DA PNL FAZEM OS MODELOS**

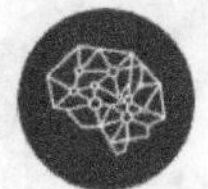

SUBJETIVOS EXPLICITAMENTE RECONHECÍVEIS e aplicáveis em qualquer contexto aonde a comunicação tenha lugar.

O Que é Realmente A PNL?

- Uma atitude
- Curiosidade
- Vontade para experimentar
- Uma Metodologia de Modelagem
- Denominalização
- Experimentação ininterrupta
- Um rastro de técnicas
- As técnicas que são ensinadas como PNL

Em que contextos se utiliza a PNL?

Hoje a PNL se desenvolveu muito e já está consolidada em praticamente todos os países do primeiro mundo. As técnicas se desenvolvem cada vez mais e se pode aplicar a PNL em várias áreas da experiência humana. Como a PNL é essencialmente uma atitude de busca da excelência humana, seja em que área for, hoje pode-se usar PNL para melhorar o...

- **Desempenho de atletas olímpicos** (como os da equipe olímpica dos EUA),

- **Perícia de atiradores de elite** (exército americano),

- **Produtividade e liderança** (Fiat, Coca-Cola, IBM, Apple, etc.)

- **Vendas** (inúmeras empresas),

- **Educação** (escolas que aplicam a PNL alfabetizam crianças em menos de dois meses),

- **Criatividade,**

- **Longevidade,**

- **Saúde,** etc.

Na **área pessoal**, usa-se a PNL como **instrumento de mudança rápidas e duradouras** que vão desde:

- **Abolir hábitos indesejados (roer unhas, fumar, comer em excesso**, etc.)

- **Fobias, medos, inseguranças,**

- **Ansiedade**

Passando por mudanças mais profundas em situações mais graves:

- **Depressão,**

- **Paranoia,**

- **Personalidade múltipla, neuroses,**

- **Psicoses,**

- **Síndrome do pânico,** etc.

Quanto ao corpo, a PNL tem se revelado poderosa aliada dos médicos no manejo de doenças que "ligam" corpo e mente:

- **Hipertensão arterial,**

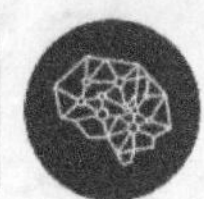

- **Diabete,**

- **Câncer,**

- **Doenças imunológicas** – alergias, asma, urticárias, artrites, colagenoses, AIDS,

- **Doenças psicossomáticas**, entre outras.

Os limites não foram sequer tocados.

Áreas de Aplicação da PNL

I - Comunicação

Desde que a comunicação é um fenômeno universal, nosso método contribui com eficácia e funciona bem virtualmente em qualquer situação. Sua aplicação abarca o individual, o grupal, os trabalhos de equipe, grandes auditórios, desenvolvimento de programas, reorganizações, assuntos interdepartamentais, planejamento ou crises diversas. Usamos a comunicação como meio para conseguir um amplo espectro de objetivos ou metas na atividade humana com velocidade, certeza e confiabilidade.

II - Psicoterapia

A Programação Neurolinguística é um escalão superior no qual se fez até o momento, no campo da psicoterapia, uma abordagem de alteração da experiência subjetiva e de como fazer para alcançar objetivos desejados.

Averiguar como o paciente consegue provocar o sintoma, e descobrir a necessidade encoberta nos dá a possibilidade de utilizar esta necessidade bem como decidir a favor de novas opções.

III - Educação

A dinâmica ensino-aprendizagem requer uma comunicação efetiva. A PNL tem estudado a inter-relação entre o processo de comunicação que sucede entre o professor e o aluno, e como esta comunicação influi no processo interno daquele que aprende e vice-versa. As técnicas de aprendizagem dinâmica foram desenvolvidas utilizando métodos da PNL que modelam estratégias de pensamento, não somente de aprendizes eficientes como de professores e treinadores eficazes. Investigações realizadas em distintas áreas do aprendizado mostram que os bons e os maus professores e alunos usam estratégias diferentes para conseguir seus objetivos. A PNL pode colocar estas estratégias em procedimentos que guiam passo a passo o caminho para se alcançar bons resultados. Com as habilidades que a PNL proporciona, os treinadores e mestres poderão avaliar e reconhecer estratégias naturais de seus alunos (sejam crianças, adolescentes ou adultos) e utilizá-las para melhorar a comunicação e o rendimento escolar.

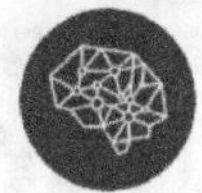

IV - Organizações Empresariais e Institucionais

As organizações se ocupam de assuntos relacionados com gente, tais como: comunicação interpessoal, produtividade, cooperação intra e interdepartamentais e outros aspectos gerenciais e na área de recursos humanos. A PNL proporciona métodos e tecnologia feitos para lidar com o fator humano e produzir mudanças positivas de comportamento. A gama de aplicações vai desde a resolução de situações críticas em indivíduos, grupos, equipes de trabalho ou grandes audiências, até o desenvolvimento de programas de treinamento para aumentar o rendimento, a produtividade e as vendas, aplicando reestruturações e mudanças organizacionais.

Os quatro Pilares da PNL

A primeira coisa para entender é que PNL é baseada sobre quatro pilares.

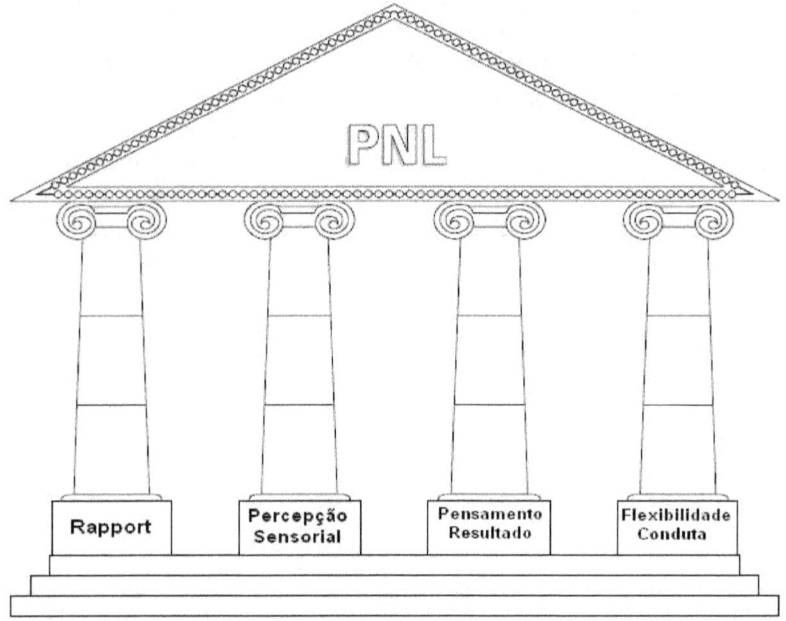

1. RAPPORT: Como você constrói uma relação com os outros e com você. Esta é, provavelmente, o presente mais importante que PNL dá à maioria das pessoas. Um grande rapport é capaz de fazer com que você possa dizer 'nada' e ainda assim reter amizades ou relações profissionais.

Nos referimos aqui especificamente àquela qualidade de confiança mútua e sensibilidade no relacionamento conhecida como Rapport.

Independentemente de qualquer coisa que você faz ou qualquer coisa que você queira, ser bem-sucedido irá envolver se relacionar ou influenciar outras pessoas. Assim, o primeiro pilar da PNL é estabelecer rapport com você mesmo e depois com os outros.

2. PERCEPÇÃO SENSORIAL: Como o famoso detetive Sherlock Holmes você começa a notar como seu mundo é mais rico quando você presta atenção com todos os sentidos que você tem.

Use os seus sentidos, olhando, ouvindo e sentindo o que está acontecendo na verdade com você. Somente então você irá saber se

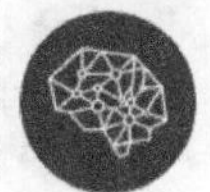

está no **caminho da sua meta** e pode usar esse feedback para **ajustar o que está fazendo** se for necessário.

3. PENSAMENTO DE RESULTADO: Você ouvirá a palavra 'resultado' mencionada muitas vezes ao longo deste curso. O que isto significa é que começará a pensar no que é que você quer em vez de se apegar a um modo negativo de problema. Os princípios de uma aproximação de resultado podem ajudá-lo a tomar as melhores decisões e escolhas.

Saiba o que você quer. A chave para o sucesso é ser **preciso**. Quanto mais preciso você for ao saber o que é que você quer e o porquê, é mais provável que você consiga exatamente aquilo que deseja. E o mais provável é que você **saberá quando você atingiu a sua meta**.

É toda uma maneira de pensar e agir. Pergunte consistentemente a si mesmo e aos outros **o que você e eles querem**.

4. FLEXIBILIDADE COMPORTAMENTAL: Isto significa como fazer algo diferente quando o que você está fazendo atualmente não está funcionando. Ser flexível é fundamental a um praticante de PNL.

Tenha muitas **opções de ação**. Quanto mais escolhas você tiver, terá mais **chances de sucesso**.

Se fizermos sempre a mesma coisa, vamos obter sempre o mesmo resultado. Fique mudando o que você faz até obter o que quer.

O Pensar Sistêmico

O que vamos abordar agora é baseado em grande parte nos trabalhos e estudos do antropólogo britânico que se especializou em comunicação e na teoria de sistemas, chamado Gregory Bateson. Os "Sistemas" (o cérebro, nós, as famílias e as sociedades) funcionam da seguinte forma de reativa: Os sistemas reagem de acordo com as coisas que existem no "Ambiente". Então, a primeira coisa que a gente faz é se preocupar em sobreviver, esta é a função básica do cérebro mais primitivo (segundo os estudos do neuropsicólogo Paul MacLean, que formulou a Teoria Triuna do Cérebro onde o nível mais antigo corresponde as formas puramente reflexas, chamado de cérebro "reptiliano", que é destinado à coordenação das ações e reações - realizadas basicamente pelas estruturas do tronco cerebral, com poucas conexões corticais.); para poder fazer o que nós estamos fazendo hoje, é certo que tivemos que nos alimentar, beber, e uma série de outras coisas para o cérebro ficar seguro de nossa sobrevivência.

Se estivéssemos em guerra e bombas estivessem caindo por toda parte, você não estaria aí parado lendo este livro agora, e sim, nós estaríamos reagindo a esta condição básica do ambiente.

"O aspecto mais triste da vida de hoje é que a ciência ganha em conhecimento mais rapidamente que a sociedade em sabedoria."

- Isaac Asimov

Então, o ambiente é o primeiro nível que nosso cérebro funciona. O ambiente também é o primeiro nível que as empresas funcionam, e nós podemos fazer um paralelismo para qualquer sistema. A empresa que se preocupa só com o ambiente é uma empresa que é muito, muito primitiva, ela realmente está reagindo as mínimas coisas, ela quer saber primeiro do mercado, ela quer saber da localização geográfica que está a loja ou a fábrica instalada. Então, este é o lugar onde está a preocupação da pessoa em relação ao ambiente.

Quando nós queremos saber de ambiente nós fazemos duas perguntas. Nós perguntamos "Onde?" e "Quando?". Sempre que nós perguntamos onde e/ou quando; nós estaremos obtendo informações do ambiente do sistema ao qual estamos sondando.

Acima do "ambiente" (em escala hierárquica superior), existe um nível chamado de "Comportamento". O nível dos comportamentos é um nível mais sofisticado, é o nível em que nós fazemos as coisas, nós não só reagimos para sobreviver como aqui também nós queremos pegar uma

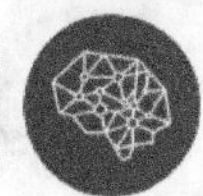

cadeira para sentar e vamos lá e sentamos. Com isto, nós temos um comportamento. Quando queremos conversar com alguém de uma maneira persuasiva, de uma forma especial, a gente tem um jeito de falar - falamos e produzimos resultados.

Para podermos ter comportamentos, nós necessitamos de "Capacidades" - e, este é o terceiro nível hierárquico sistêmico. As capacidades são as estratégias em linguagem neurolinguística. É o processo; o seja, é o conjunto de estratégias que nós vivemos acumulando para nós fazermos as coisas que nós fazemos.

Nenhum de nós é mais inteligente que o outro, nenhum de nós tem mais "gens" do que o outro - nós todos temos o mesmo número de "genes" - estes têm qualidades diferentes, agora eles não determinam realmente se a pessoa vai conseguir fazer alguma coisa na vida ou não vai. Os "genes" determinam se nós vamos sobreviver - basicamente eles são feitos para isto. O resto são estratégias que nós fomos habilmente acumulando ao longo de nossa vida. Se nós, ao longo da vida, tivemos oportunidades, foi-nos criado um espaço para nós conseguirmos muitas habilidades - com isto, vamos ter mais capacidades que os outros seres humanos.

Agora; nosso semelhante (o ser humano) também possui "genes", também tem condições primárias; só que ele não teve as oportunidades para adquirir estratégias. Com a tecnologia de alto desempenho que dispomos hoje, pode-se transferir as estratégias de um sistema para o outro, o que nos indica que nós podemos fazer com que qualquer ser humano tenha as capacidades que nós temos. Se um ser humano é muito capaz, ele pode ensinar para outro que não o é.

A pergunta que se faz para saber sobre as capacidades é "Como?". "Como" você faz? Quero saber o jeito que você faz isto? Quando se trabalha com estratégias, devemos sempre buscar o como (o processo). Acima das "capacidades", está um nível mais importante chamado de "Crenças & Valores". As crenças e os valores são as estruturas mentais que fazem com que nós adquiramos ou não alguma coisa.

As crenças e os valores são estruturas mentais que regem as capacidades que nós vamos ou não se envolver. Em outras palavras, se acreditamos que podemos ou não ser capazes de fazer alguma coisa - nós estamos absolutamente certos. Então, as crenças são permissivas em relações estratégicas - as capacidades. As crenças são a motivação para aprender. Veja como isto é importante, pois podemos desenvolver qualquer capacidade - não existe limite. O limite nós damos pelas nossas crenças e valores.

Como é que nós ficamos sabendo sobre crenças e valores? Nós perguntamos "Porquê", aqui neste nível começa a aparecer as questões do "porque". Quando nós queremos saber o que a pessoa pensa a respeito de alguma coisa, nós elaboramos uma pergunta de estrutura "por quê" - assim nós entramos na estrutura que permitiu a estratégia entrar em ação.

As crenças são somente um sentido de certeza. Nem todas as crenças estimulam seu bem-estar ou sucesso. Qualquer crença que possuamos são limitações. Sabendo disto, se uma crença os limita em algum contexto - **adote uma nova crença**. Conscientemente manejar os limites é o instrumento mais poderoso que nós temos para alcançar os resultados.

Níveis Lógicos

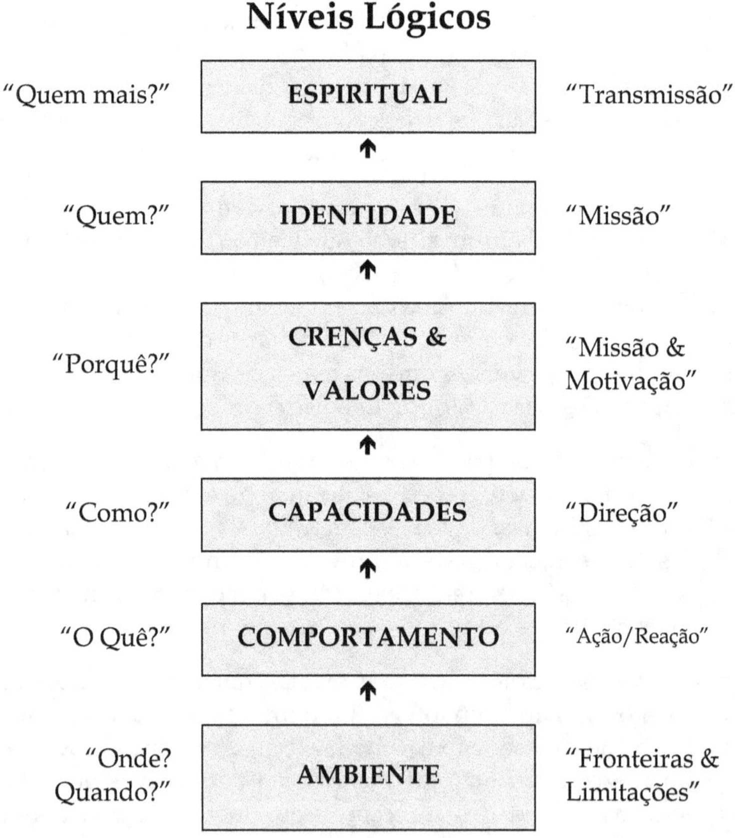

Todas as nossas crenças são verdadeiras e absolutas mentiras, que podem nos atrapalhar ou nos ajudar - dependendo do que fazemos com

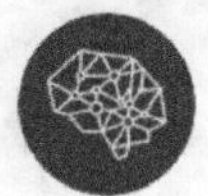

elas. As nossas crenças mudam conforme a quantidade de informação que nós possuímos - elas não são estáticas. Elas mudam.

Num nível muito mais elevado nós encontramos a nossa "Identidade". Quem somos nós? Afinal quem sou eu? Para que eu existo? A pergunta óbvia "Quem?". Acima do nível de identidade existe "Espírito". Quem mais eu sou. Aqui entramos no mundo onde encontramos a "Missão" - descobrimos a "Transmissão" - ou seja, a missão que conecta as pessoas.

Pressuposições da Programação Neurolinguística

O MAPA NÃO É O TERRITÓRIO

Nós seres humanos não temos realidade, porque nós possuímos nossos limites neurológicos. Nós percebemos o que os nossos sistemas, os nossos aparatos sensoriais permitem que percebamos; e, o nosso cérebro decodifica.

Quando dentro de uma sala, por exemplo, nós não temos a verdadeira sala. Nós temos sim a imagem que a sala provoca na nossa retina (ou estímulo fotoelétrico que ela provoca no nosso glóbulo occipital do campo visual), para que com sinais neurológicos me façam um mapa neuroquímico. Então, nós não temos a sala - nós não temos a sala e sim um mapa neurológico/neuroquímico que foi a partir da sala que estimulou nossos órgãos. Órgãos que são deficientes.

Vemos as coisas de um jeito, um touro as vê de outro, todas as espécies veem de jeitos diferentes. Uma águia veria detalhes que nós não percebemos, e; com certeza ela também está perdendo muito. Ela também tem um órgão neurológico. Nós não ouvimos tudo o que deveríamos ouvir. Nós ouvimos sim, o que o nosso sistema filtrador neurológico permite que entre e fique decodificado na estrutura cerebral. Nós sentimos sensações dentro e fora (internas e externa) de nosso corpo. No entanto, certamente não estamos sentindo todas as sensações que nós poderíamos ou gostaríamos de sentir. Nós sentimos as sensações que nosso corpo limitado permite que sintamos.

Então nós temos assim um mapa neurológico, mas não temos a "realidade". Como nós não temos a realidade, e sim, um mapa da realidade; nós devemos ter essa consciência de que nós vivemos a vida através de mapas e não através de realidade. Essa crença nos permite mudar os mapas. Podemos expandir os mapas, podemos encurtá-los, ou ainda; podemos transformá-los. Podemos inventar um novo mapa, podemos ter três mapas, podemos fazer o que quisermos quando se trata de mapas.

O que nos limita é o modo como que nós interpretamos a realidade. São os mapas que causam as reações e não a realidade. Para que nós possamos perceber melhor os mapas que as pessoas usam, nós contamos com uma ferramenta muito valiosa.

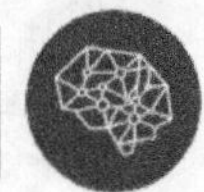

As pessoas respondem às suas próprias percepções da realidade. Toda pessoa tem o seu próprio mapa de mundo. Nenhum mapa individual de mundo é mais "real" ou "verdadeiro" que qualquer outro.

O significado de uma comunicação com outra pessoa é a resposta que se obtém daquela pessoa, independente da intenção do comunicador.

Os mapas "mais sábios" e mais "compassivos" são aqueles que permitem mais riqueza e maior número de escolhas, em vez de ser o mais "real" ou "preciso".

As pessoas já têm (ou potencialmente têm) todos os recursos de que precisam para agir efetivamente.

As pessoas fazem as melhores escolhas disponíveis a elas dentro das possibilidades e das capacidades que percebem como disponíveis em seu modelo de mundo. Qualquer comportamento, não importa quão mau, louco ou estranho possa parecer, é a melhor escolha disponível para a pessoa naquele momento - se for oferecida uma escolha mais apropriada (dentro do contexto de seu modelo do mundo) a pessoa provavelmente a tomará.

A mudança ocorre quando se lança o recurso apropriado, ou se ativa o recurso em potencial, em um determinado contexto particular, que enriqueça o mapa de mundo de uma pessoa.

Nós seres humanos não temos contato direto com a realidade, temos sim através da representação mental da realidade. Incorporamos, processamos e emitimos informações acerca de nós mesmos e do mundo através de uma **CODIFICAÇÃO SENSORIAL (VAKO/G).** A esta linguagem sensorial chamamos **SISTEMAS REPRESENTACIONAIS.**

Então também dizemos:

1. Não há substituto melhor do que canais abertos e limpos.
2. Todas aquelas distinções que os seres humanos são capazes de fazer com respeito ao meio (interno e externo) e às nossas condutas, podem ser vantajosamente representadas através de imagens visuais, percepções auditivas, cinestésicas, gustativas e olfatórias.
3. Qualquer habilidade, destreza ou talento humano pode ser reconhecido em sua estrutura. Esta estrutura tem uma SEQUÊNCIA ESPECÍFICA de representações sensoriais que nós chamamos ESTRATÉGIAS. A ordem desta sequência determina o resultado como a ordem das palavras numa frase determina seu sentido.
4. A linguagem verbal é uma experiência comparada à não-verbal, reveladora da representação sensorial referente.

CORPO E "MENTE" SÃO PROCESSOS SISTÊMICOS

Mente e Corpo são partes de um mesmo sistema - incluem-se mutuamente. Estamos entrando numa era que vive cada vez mais neste paradigma da Física Quântica-Relativística. Ela é uma teoria sistêmica de explicação da experiência subjetiva. Ela se insere dentro do paradigma Quântico-Relativístico.

A separação mente e corpo é uma separação feita pelo modelo cartesiano. Renné Descartes, no século XVII foi quem fez esta separação. O método científico explica o corpo e não a mente. No entanto, este método vem durando já a muito tempo; nós estamos hoje no século XX, batendo na porta do século XXI e ainda a medicina atual funciona pelo método cartesiano. Nós ainda separamos a mente do corpo, ainda existem médicos que tratam do corpo e outros que tratam da mente como se as coisas fossem separadas.

Os processos que ocorrem internamente em cada pessoa, e entre as pessoas e os seus ambientes, **são sistêmicos**. Nossos corpos, nossas sociedades e nosso universo formam sistemas e subsistemas integrados interagindo e mutuamente influenciando-se uns aos outros.

Não é possível isolar completamente uma parte de um sistema do restante. **As pessoas não podem não influenciar umas às outras**. Interações entre pessoas formam um *loop* de *feedback* - de tal forma que uma pessoa será afetada pelo resto que as suas ações têm sobre outras pessoas. Sistemas são "auto organizadores" e naturalmente buscam estados de equilíbrio e estabilidade. **Não há fracassos, só *feedbacks*.**

Nenhuma reação, experiência ou comportamento é significativo fora do contexto no qual foi estabelecido ou da reação que provoca. Qualquer comportamento, experiência ou reação pode servir como um recurso ou limitação, dependendo de como isso se encaixa com o restante do sistema.

Nem todas as interações em um sistema estão no mesmo nível. **O que é positivo em um nível pode ser negativo em outro.** É útil separar comportamento do "eu" - separar a intenção positiva, função, crença etc. que gera o comportamento do próprio comportamento.

Em um nível (ou em algum momento) **todo comportamento é positivamente intencionado**. É ou foi percebido como apropriado dentro do contexto no qual foi estabelecido, do ponto de vista da pessoa

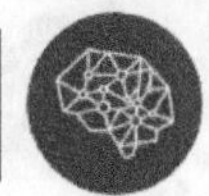

a quem o comportamento pertence. É mais fácil e mais produtivo responder à intenção do que à expressão de um comportamento problemático.

Ambientes e contextos mudam. **A mesma ação não produzirá sempre o mesmo resultado.** Para se adaptar com sucesso e sobreviver, um membro de um sistema necessita ter certa flexibilidade. Essa flexibilidade deve ser proporcional à variação no restante do sistema. **À medida que um sistema fica mais complexo, mais complexidade, mais flexibilidade é requerida**.

Se o que você está fazendo não está dando resultado, você deve então continuar variando seu comportamento até que alcance o resultado desejado.

A MENTE E CORPO SÃO PARTE DO MESMO SISTEMA E INFLUEM-SE MUTUAMENTE

Os seres humanos refletem sua representação interna não somente através de palavras, mas também através de **SINAIS MÍNIMOS** expressados pela linguagem gestual e tonal.

TODA A CONDUTA TEM UM PROPÓSITO ADAPTATIVO POSITIVO CUJA INTENÇÃO É MANTER O EQUILÍBRIO DO SISTEMA

Cada pessoa dá sempre a melhor resposta que pode ante cada situação. Simplificando, as nossas partes interiores possuem uma intenção positiva. Todas as nossas partes interiores, estão neste momento tentando fazer o melhor possível para nós. O tempo todo.

TODA A PESSOA TEM OS RECURSOS QUE NECESSITA PARA CONSEGUIR AS MUDANÇAS QUE ELA DESEJA

Deve-se dinamizar o processo aqui e agora e recuperar estruturas experienciais de referência. As pessoas que estão tendo problemas, já possuem dentro delas a solução e não sabem; ou então, não sabem como acessar a solução. Todas as pessoas têm dentro de si partes que tem boas intenções. Elas possuem todos os recursos de que necessitam para conseguir o que elas queiram.

O VALOR POSITIVO DE CADA UM COMO PESSOA SE MANTÉM CONSTANTE, APESAR DE PODER-SE QUESTIONAR O VALOR DAS CONDUTAS INTERNAS OU EXTERNAS

Você não vale pelo que faz, você vale pelo que você é. Nós não devemos valorizar o comportamento; e sim, valorizar a "intenção". O comportamento é simplesmente uma manifestação passível de calibrar.

"O significado de sua comunicação é o resultado que VOCÊ OBTÉM."

A resistência é a explicação da inflexibilidade do comunicador.

Não existe resistência, existe comunicador incompetente.

A responsabilidade é de quem quer mudar! É a pessoa quem diz o que ela quer mudar, quando ela quer mudar, e quanto ela quer mudar.

Nós não fazemos mudança, e sim; criamos um vácuo psicológico que puxa a pessoa/sistema para dentro da mudança. É criado um clima, um ato psicológico e as pessoas simplesmente são atraídas para dentro. Elas se sentem atraídas. Quem quiser entrar entra, quem não quiser não entra.

As Condutas Básicas De Um Bom Comunicador São:

1. **Clara representação da meta.**

2. **Agudeza perceptual.**

3. **Flexibilidade de conduta.**

Para tanto, consideramos que:

a. O significado da comunicação é dado pela resposta que esta provoca, independente da intenção do comunicador.
b. A resistência é a explicação da inflexibilidade do comunicador.

 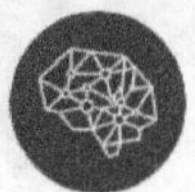

Convicções Vantajosas da *PNL*

As pressuposições da PNL (ou convicções de essência) são as diretrizes mais importantes para aprender e fazer PNL, e para se ser próspero na vida. A palavra pressuposição significa algo que você pode não poder provar, mas que você fundamenta seu comportamento.

1. O "mapa" não é o "território".
2. As pessoas respondem de acordo com os seus mapas internos.
3. O significado opera no contexto-dependência.
4. Mente-e-corpo afetam-se um ao outro. Mente-e-corpo são um só sistema.
5. Habilidades individuais funcionam por desenvolvimento e sequenciamento dos sistemas representacionais.
6. Nós respeitamos o modelo do mundo de cada pessoa.
7. A pessoa e o comportamento descrevem fenômenos diferentes.
8. Todo comportamento tem utilidade e é útil em algum contexto.
9. Nós avaliamos a mudança de comportamento em termos de contexto e ecologia.
10. Nós não podemos não nos comunicar.
11. O modo como nós comunicamos nossa percepção afeta a recepção.
12. O significado de sua comunicação é a resposta que você obtém.
13. O que fixa a armação da comunicação controla a ação.
14. Não há fracasso/erro, só resultado.
15. A pessoa com a maior flexibilidade exercita a maior influência no sistema.
16. Resistência indica falta de concordância/rapport.
17. As pessoas têm todos os recursos internos que elas precisam para ter sucesso.
18. O ser humano tem a habilidade para experimentar a aprendizagem num instante.
19. Toda a comunicação deveria aumentar as escolhas.
20. As pessoas fazem as melhores escolhas possíveis quando elas agem.
21. Como pessoas responsáveis, nós podemos acessar nosso próprio cérebro e podemos controlar nossos resultados.
22. Noventa e três por cento da comunicação é não-verbal.
23. A experiência tem uma estrutura.
24. Qualquer pessoa pode fazer qualquer coisa.
25. As pessoas têm todos os recursos de que necessitam.
26. Se fizer o que sempre fez conseguirá o que sempre conseguiu.
27. Nossas partes interiores sempre têm intenções positivas.
28. Podemos confiar no inconsciente.
29. A natureza do universo é mudança.

As Atitudes do Programador

Um programador neurolinguístico necessita ter as seguintes atitudes de maneira constante, como parte de sua própria identidade para poder levar seu trabalho a contento e fazer a "magia" acontecer.

São elas:

Curiosidade	Humor
Atenção	Iluminação
Confiança	Reverência
Competência	Responsabilidade
Compaixão	Flexibilidade
Amor Incondicional	Integralidade
Intencionalidade	Impecabilidade

 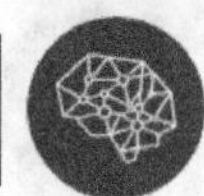

Calibragem

Na PNL, Calibragem significa perceber as diferenças. Todos nós temos essa capacidade e a usamos diariamente, por isso vale a pena desenvolvê-la e aperfeiçoá-la. Assim distinguimos diferenças sutis de expressão enquanto a pessoa vivencia recordações e estados variados. Quando observamos, ou "deciframos" outras pessoas, isso significa calibrar os sinais, pequenos, porém, decisivos que nos fazem perceber como elas estão reagindo. Confiamos demais no verbal e em como estão se sentindo esquecendo-nos de observar todo o restante da comunicação não verbal.

É importante fixar-se em um conjunto de pistas sensoriais, corporais, vocais e comportamentais. Observamos muito pouco nosso interlocutor e por isso ignoramos sinais explícitos que muito têm a dizer sobre o seu estado interno, tais como: movimentos oculares, respiração, cor da pele, tônus muscular, tom de voz, movimentos da boca (fechada ou aberta, maxilar inferior, ritmos), espessura dos lábios entre outros. Assim como a forma de expressão da mente racional é a palavra, a das emoções é a não verbal. Limpar a sua mente de estereótipos de outras formas de preguiça mental que frequentemente substituem uma reflexão cuidadosa e fixar-se em micro-comportamentos, como os citados acima causam grande impacto na comunicação.

Além disso, podemos observar também o modelo de mundo de nosso interlocutor, canais sensoriais predominantes, estratégias, meta-programas, crenças, valores…

Estas informações nos permitirão conhecer melhor o outro e, no seu caso, lhe ajudar no seu processo de mudança. Quando alguém lembra uma experiência que lhe coloca medo, por exemplo, pequenas mudanças fisiológicas se produzem em alguma parte de seu corpo. Estas mudanças, por pequenas que sejam, estarão sempre aí. A calibragem está baseada exclusivamente no sensorial. Mas é diferente para cada pessoa. Por isso temos que ter cuidado em não imaginarmos, em não alucinar a respeito do significado que essas mudanças fisiológicas podem significar, já que são exclusivas de cada pessoa. A calibragem, junto com o rapport e a flexibilidade, são os elementos principais que se utilizam em PNL para passar do estado presente ao estado desejado e introduzir mudanças.

Condições de Boa Forma

As condições de uma boa formulação de resultados desejados são:

1. Ser expresso em termos positivos.
2. Iniciado e controlado pela própria pessoa (você).
3. Evidências sensoriais específicas.
4. Bem contextualizado.
5. Que seja ecológico para a pessoa.
6. Testável na experiência da pessoa, isto é, dentro do poder da pessoa de realizá-lo.

O que você consegue demonstrando flexibilidade ou sendo sensorialmente específico? Você deve conseguir o que deseja. Em primeiro lugar, um comunicador eficiente tem um objetivo, um resultado, uma reação que ele deseja. Em uma sociedade direcionada a meta, é comum ouvir frases como: "apresente os seus objetivos" ou "quais são as suas metas?" Os resultados são semelhantes aos objetivos e metas, no entanto dentro dos passos para um objetivo bem-formulado existem passos mais específicos para assegurar que o objetivo seja atingido.

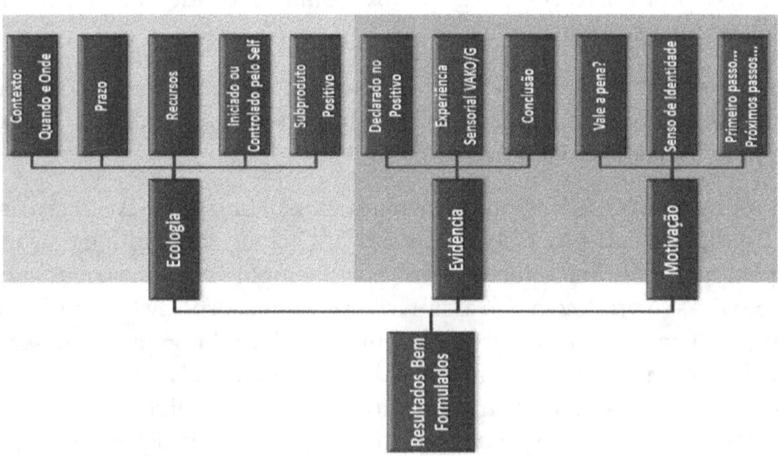

 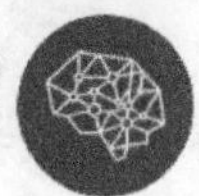

Os Sistemas Representacionais

Neste campo temos várias estruturas, vejamos:

- **Sistemas de representação** - Os cinco sentidos: visão, audição, tato (sensação), olfato e paladar – os 4-Tuples.

- **Sistema representacional** - Os diferentes canais através dos quais nós representamos informações internamente, usando nossos sentidos: visual (visão); auditivo (audição); cinestésico (sensação corporal); olfativo (olfato) e gustativo (gosto).

- **Sistema representacional preferido ou preferencial** - O sistema representacional que um indivíduo tipicamente usa para pensar de forma consciente e organizar sua experiência.

- **Sistema principal** - O sistema representacional que encontra informações para alimentar a consciência.

- **Sistema condutor ou orientador** - O sistema representacional que você usa para acessar informações armazenadas. Por exemplo, para algumas pessoas, uma imagem mental de um período de férias trará de volta a experiência inteira.

As Submodalidades

As submodalidades são as qualidades sensoriais especiais percebidas por cada um dos sentidos. Nossos cinco sentidos são classificados na PNL como "Modalidades" – Visual, Auditiva, Cinestésica (Sensação/Emoção), Olfativa e Gustativa. Na PNL, eles são denominados como sistemas representacionais ou modalidades. Para cada uma dessas modalidades, podemos ter distinções mais finas. Podemos descrever uma imagem como sendo preta e branca ou colorida, ou também poderia ser brilhante ou escurecida. Os sons podem ser altos ou suaves ou vindos de uma direção particular. As sensações podem estar em diferentes partes do corpo ou ter diferentes temperaturas. Os cheiros podem ser agradáveis ou penetrantes, fortes ou brandos. O paladar pode ser doce ou amargo ou forte ou suave.

Essas distinções mais finas são chamadas de submodalidades e definem as qualidades das nossas representações internas. Nós, geralmente, trabalhamos com apenas três modalidades – visual, auditiva e cinestésica. No entanto, você estar trabalhando em um problema de um cliente onde as submodalidades olfativas ou gustativas desempenham um papel importante, por exemplo, uma questão de comida ou alguém que é um "chef". As pessoas conhecem e trabalham com as submodalidades há séculos. Por exemplo, Aristóteles se referiu às qualidades dos sentidos, mas não utilizou o termo submodalidades. Algumas das submodalidades mais comuns são:

VISUAL	AUDITIVAS	CINESTÉSICAS
Preto e branco ou colorida	Alto ou suave	Forte ou fraco
Perto ou longe	Perto ou longe	Área grande ou pequena
Brilhante ou opaco	Interna ou externa	Pesado ou leve
Localização	Localização	Localização
Tamanho da imagem	Estéreo ou mono	Textura: macia ou áspera
Associada / Dissociada	Ligeiro ou devagar	Constante ou intermitente
Focada ou desfocada	Tom agudo ou grave	Temperatura: quente ou fria
Com moldura ou sem	Palavra ou tom	Tamanho
Em movimento ou imóvel	Ritmo	Formato
Se for um filme - rápido/normal/devagar	Clareza	Pressão
3 Dimensões ou plano	Pausas	Vibração

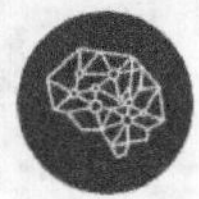

A submodalidade visual associada/dissociada é uma das mais importantes e se refere se você pode ou não se ver na imagem (representação visual interna). Você está associado se não pode se ver a si mesmo na imagem. Muitas vezes nos referimos a isso como "olhar através dos nossos próprios olhos". Se você pode se ver na foto, então dizemos que você está dissociado. Se você estiver associado a uma memória, então as suas sensações (alegria, tristeza, medo) sobre essa memória serão mais intensas. Se você estiver dissociado, é como assistir a um filme da sua vida, em vez de estar lá (no campo de jogo) e quaisquer sensações serão menos intensas ou não.

O Metamodelo

Em um nível profundo de pensamento, quem está falando tem o conhecimento completo do que ele deseja comunicar para a outra pessoa. Isso é chamado de **estrutura profunda** e *opera em um nível inconsciente.*

Para ser eficiente na sua comunicação verbal ou escrita, quem está falando omite, generaliza ou distorce inconscientemente, os seus pensamentos internos com base em suas crenças e valores, memórias, decisões (limitantes), estratégias, o que ele quer que você ouça, etc. O que é finalmente dito ou escrito (**estrutura superficial**) *é apenas um pequeno subconjunto do pensamento original e pode ser ambíguo ou confuso e levar a problemas de comunicação.*

Seus pensamentos internos (estrutura profunda) são, inconscientemente, filtrados através de meu modelo de mundo (crenças e valores, etc.). O **Metamodelo** nos fornece um conjunto de perguntas para auxiliar a pessoa que estamos ajudando (cliente) a se mover da estrutura de superfície da sua comunicação para a compreensão de sua estrutura profunda – crenças inconscientes, valores e decisões. Isso não é apenas encontrar as respostas certas, mas ter uma melhor compreensão do modelo de mundo do seu cliente.

Os co-criadores da PNL, John Grinder e Richard Bandler desenvolveram o Metamodelo modelando dois terapeutas de muito sucesso, Fritz Perls e Virginia Satir, que obtiveram resultados extraordinários ao fazerem seus clientes serem mais específicos no que eles expressavam. Ou seja, o uso de certos tipos de perguntas para reunir informações (ganhar a compreensão da estrutura profunda do cliente). Grinder e Bandler observaram que, ao se mover da estrutura profunda para a estrutura da superfície, as pessoas inconscientemente usavam:

- **Omissão**: nós só apresentamos algumas das informações disponíveis na estrutura profunda.
- **Generalização**: nós podemos fazer afirmações gerais sobre o que acreditamos, como vemos os outros, os nossos valores, etc. Nós ignoramos possíveis exceções ou condições especiais.
- **Distorção**: podemos escolher simplificar excessivamente ou fanatizar sobre o que é possível ou sobre o que aconteceu.

Para recuperar as informações que faltam, como resultado de omissões, generalizações e distorções, Grinder e Bandler identificaram 12 padrões diferentes com perguntas correspondentes e chamaram isso de Metamodelo.

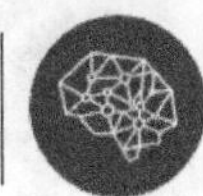

O Metamodelo é ser mais específico (segmentando para baixo) para obter uma melhor compreensão do modelo de mundo da pessoa. Toda a comunicação humana tem o potencial de ser ambígua. **O objetivo das perguntas é penetrar nessa ambiguidade**, o que pode causar problemas, e acessar as informações que faltam tanto para o cliente como para o coach, ou seja, obter uma melhor compreensão da estrutura profunda do cliente e dar melhor sentido à comunicação.

Embora baseado no trabalho de dois gênios terapeutas, o Metamodelo tem uma aplicação muito mais ampla – sempre que duas ou mais pessoas estiverem envolvidas com comunicação – no trabalho, no lazer, na família, etc.

Uma vez obtida essa habilidade, o Metamodelo é uma ferramenta poderosa e útil. No entanto, exige prática para dominar o processo de questionamento e o processo deve ser feito com um alto grau de rapport – o cliente deve se sentir seguro e sem estar pressionado.

Antes de fazer as perguntas do Metamodelo a qualquer um dos meus clientes, estudantes, colegas, familiares, etc., eu me certifico de que ele está confortável na minha presença, de que se sente em segurança e aí faço a seguinte pergunta: "Posso lhe fazer uma pergunta?" Se ele responder 'não', então eu não uso o questionamento do Metamodelo. Em vez disso, coloco mais esforço para ouvir as pressuposições (o que está pressuposto) nas palavras que ele escolheu a fim de obter uma compreensão mais clara de seu modelo de mundo e como posso apoiá-lo melhor. Então vejamos os principais erros de modelo e seus desafios de Metamodelo:

OMISSÕES

Omissão simples: quando alguma coisa é omitida.

Exemplo: *"Eu estou furioso."*

Pergunta(s) para recuperar a informação omitida: *"Com o que?"*

Índice de referência não especificado: a pessoa ou o objeto ao qual a afirmação se refere não está especificado ou não está claro.

Exemplo: *"Eles rejeitaram a minha proposta de negócio."* ou *"Eles a rejeitaram."*

Pergunta(s) para recuperar as informações omitidas: *"Quem?"* ou *"O que?"*

Omissões comparativas: a comparação é feita e não está claro o que está sendo comparado. A sentença conterá palavras tais como: bom, mau, melhor, muito melhor, pior, mais, menos, a maioria, pelo menos.

Exemplo: *"Essa abordagem é a melhor."*

Pergunta(s) para recuperar as informações omitidas: *"Comparado com o que ou para quem?"*

Verbo não especificado: nesse caso não está claro como algo foi feito.

Exemplo: *"Eles rejeitaram a minha proposta de negócio."* Eu usei o exemplo do índice de referência não especificado para ilustrar que, às vezes, existem várias coisas que foram omitidas, distorcidas ou generalizadas e cabe a você decidir qual linha de questionamento irá recuperar mais informações.

Pergunta(s) para recuperar as informações omitidas: *"Como especificamente?"*

Nominalizações ou Substantivações: um processo foi transformado em uma "coisa". Nominalizações são substantivos, apesar de que você não pode tocá-lo fisicamente ou colocá-lo no porta-malas de seu carro (substantivo abstrato).

Exemplos de nominalizações são: comunicação, relacionamento, liderança, respeito, verdade, liberdade, depressão, amor, etc. A nossa tarefa aqui é fazer uma pergunta para que o processo possa ser redescoberto.

Exemplo: *"A comunicação na nossa família é pobre."*

Pergunta(s) para recuperar as informações omitidas: *"Como você gostaria que nós nos comunicássemos?"* Observe que também existe uma omissão comparativa e também poderíamos perguntar: *"Pobre em comparação com o que?"*

GENERALIZAÇÕES

Quantificadores universais: são situações que podem ter ocorrido uma, duas ou três vezes e a pessoa generaliza como se ocorresse sempre ou nunca. Os quantificadores universais são normalmente palavras como: tudo, cada, nunca, sempre, somente, todos, ninguém, etc.

Exemplo: *"Meu chefe nunca me dá crédito para o que eu faço."*

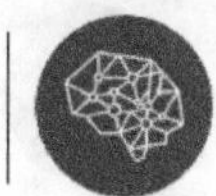

Pergunta(s) para recuperar as informações omitidas: nós podemos exagerar a generalização ou usar um contraexemplo. *"Nunca?"* ou *"Já houve um tempo em que o seu chefe lhe deu crédito?"*

Operadores modais de necessidade ou possibilidade: os operadores modais de necessidade incluem palavras como deveria, não deveria, deve, não deve, tem que, precisa, é necessário. Operadores modais de possibilidade incluem palavras como pode/não pode, irá/não irá, pode/não pode, possível/impossível. Estabelecem limites impostos por uma regra não implícita.

Exemplo: *"Eu não posso fazer isso agora."*

Pergunta(s) para recuperar as informações omitidas: a chave é desafiar a limitação. *"O que aconteceria se você tivesse feito?"* ou *"O que o impede?"*

DISTORÇÕES

Leitura da mente: nesse caso, quem está falando afirma saber o que outra pessoa está pensando ou sentindo.

Exemplo: *"Meu chefe não está satisfeito com o meu trabalho."*

Pergunta(s) para recuperar as informações omitidas: para esse padrão, nós simplesmente perguntamos como você sabe? *"Como você sabe especificamente que o seu patrão não está satisfeito com o seu trabalho?"*

Execução perdida: julgamentos sobre valores foram feitos e não está claro quem fez o julgamento.

Exemplo: *"Esse é o caminho certo para ser promovido nessa empresa."*

Pergunta(s) para recuperar as informações omitidas: *"De acordo com quem?"* ou *"Como você sabe que esse é o caminho certo?"*

Causa – Efeito: o orador estabelece uma relação de causa-efeito entre dois eventos ou ações. Construções comuns incluem: se, então, porque, faz, obriga, causa.

Exemplo: *"Quando você olha para mim desse jeito, eu me sinto sem importância."*

Pergunta(s) para recuperar as informações omitidas: *"Como é que a maneira que eu olho para você faz com que você decida se sentir sem importância."* Você também poderia usar um contraexemplo.

Equivalência complexa: nessa situação, duas experiências são interpretadas como se tivessem o mesmo significado. Essas duas experiências podem ser unidas por palavras tais como: por essa razão, o que significa, o que se conclui.

Exemplo: *"Meu chefe entrou no seu escritório sem dizer 'bom dia', portanto, ele não está satisfeito com o meu trabalho."*

Pergunta(s) para recuperar as informações omitidas: *"Como não dizer 'bom dia' significa que o seu chefe não está satisfeito com o seu trabalho?"* ou *"Você nunca se sentiu pressionado pela família ou pelos negócios e se esqueceu de dizer 'bom dia' para os seus colegas de trabalho?"*

Pressuposições: alguma parte da frase pressupõe ou deduz a existência (ou não) de alguma coisa, pessoa, etc., embora não esteja explicitamente declarada.

Exemplo: *"Quando é que você vai demonstrar liderança para a sua equipe?"* Essa frase pressupõe que você não demonstra liderança. Se você tentar responder a essa questão diretamente, estará cavando um buraco ainda mais fundo para si mesmo.

Pergunta(s) para recuperar as informações omitidas: *"O que o leva a acreditar que eu não demonstro liderança?"* ou *"Como é que eu não demonstro liderança?"*

Lembre-se: *Nenhuma das perguntas no Metamodelo tem 'por que'.* Muitas vezes quando você pergunta 'por que' para alguém, ele sente que tem que defender o que disse ou o que fez, dar desculpas ou racionalizar o comportamento dele. Por outro lado, se você expressar a pergunta como um "como", você entende melhor o processo utilizado pelo seu cliente e, assim, obtém mais informação e compreensão.

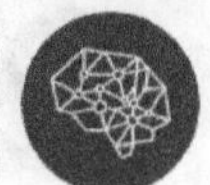

O Meta-Modelo de Linguagem

O propósito do Modelo de Precisão é acrescentar novos recursos e novas referências a uma percepção limitante ou situação. Este "Meta Modelo" desenvolvido por Richard Bandler e o John Grinder é uma ferramenta que pode usar para fazer alguém a re-avaliar o que está acontecendo de fato. O Meta Modelo ajuda penetrar distorções limitantes, deleções, e generalizações.

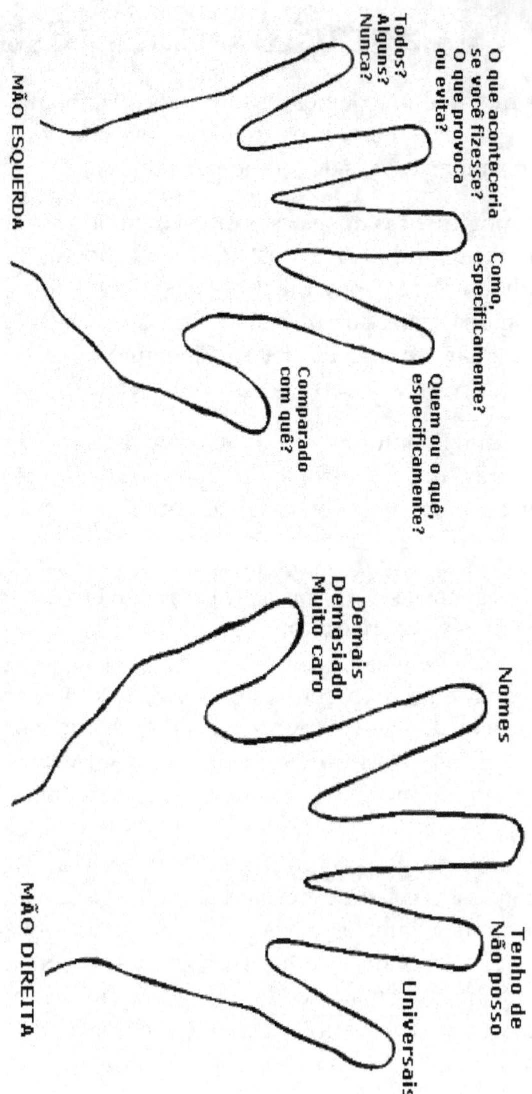

Captação Ocular/Estratégias

Os movimentos de nossos olhos correlacionam-se com os nossos modos de pensar. Eles são indicadores não do conteúdo dos nossos pensamentos, mas do "como pensamos".

Os movimentos dos nossos olhos dependem dos processos neurológicos ativos quando da construção de nossas representações. Trata-se realmente de "movimentos" observáveis para o alto, ao centro ou dirigidos para baixo, e não das interpretações que cada qual pode alimentar a propósito deles: "Ele tem o olhar triste", "alegre", "sombrio", "límpido" etc.

Tais movimentos frequentemente são rápidos (menos de um segundo) e sucedem um ao outro. Assim, prestando atenção às relações que existem entre a linguagem sensorial de uma pessoa e seus movimentos oculares, você poderá observar que:

- quando essa pessoa exprime-se em termos visuais, ela tenderá a dirigir os olhos para o alto;
- quando essa pessoa fala consigo mesma, ouve música ou escuta sons na sua cabeça, seus olhos permanecerão horizontais. Quando se acha num diálogo interior, seus olhos se voltam para baixo, à direita.
- quando ela experimenta uma emoção ou uma sensação, seus olhos serão dirigidos para baixo, à esquerda (tudo isso do ponto de vista do observador).

Precisamos igualmente saber que os movimentos dos olhos precedem a expressão verbal do pensamento. Assim, uma pessoa dirigirá, mais ou menos rapidamente, seus olhos para o alto antes de declarar: "Percebo o que você quer dizer." Ou os dirigirá para baixo antes de constatar que ela "se acha à vontade com o seu projeto". Também nesse caso será a frequência de repetição dos movimentos que poderá servir de indicador do sistema privilegiado de representação utilizado por uma pessoa.

Assim, por exemplo, se, por ocasião de uma série de perguntas que faz a um de seus interlocutores, você prestar atenção aos movimentos oculares dele no momento em que prepara a resposta que vai dar, poderá observar que ele tem tendência a erguê-los ou baixá-los. E poderá deduzir o sistema de representação a que ele recorre para responder. Será suficiente então verificar a sua hipótese, colocando-a em relação com os predicados empregados quando da resposta verbal.

O movimento dos olhos é, portanto, um outro meio de acesso aos processos internos de representação do seu interlocutor e o meio pelo qual deciframos o processo mental – a estratégia de uma pessoa.

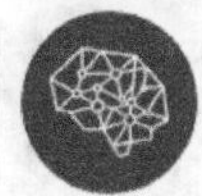

Uma **estratégia** é um padrão de comportamento que pode ser copiado ou reproduzido. As estratégias por si mesmas não são nem boas nem ruins, mas podem ser consideradas como eficazes ou ineficazes quando se verificam seus resultados. Outra palavra para estratégia é hábito. Padrões de comportamento são iniciados por um desencadeador, levando você por uma série de etapas e terminando quando a condição é satisfeita. Por exemplo, sua rotina para se vestir de manhã pode ser iniciada quando o alarme do relógio é desligado. Sua série de etapas inclui escovar os dentes, tomar banho, checar sua aparência no espelho e dizer "meu Deus, você está irresistível". A estratégia de "se vestir" acaba quando você está satisfeito com sua aparência. Daí, segue para a estratégia de "tomar o café da manhã" ou de "ir para o trabalho".

Indicações Fornecidas pelos Movimentos dos Olhos (do ponto de vista do observador)

IMPORTANTE: SE O OBSERVADO FOR DESTRO, CANHOTOS E MUITAS PESSOAS FREQUENTEMENTE TEM AS POSIÇÕES ESQUERDA E DIREITA INVERTIDAS.

Uma estratégia é um padrão estabelecido que pode ser copiado. Se você cruzar com alguém que tenha uma estratégia que gostaria de trazer para sua vida, estude-a e adapte-a de uma forma que sirva a você.

As Âncoras

Âncora é qualquer estímulo que esteja associado a uma resposta específica. As âncoras ocorrem naturalmente, mas também podem ser estabelecidas de forma intencional. Por exemplo, soar uma campainha para chamar a atenção de pessoas - ou, mais sutilmente, ficar de pé em um determinado ponto, enquanto responde a perguntas.

Ancoragem é o processo pelo qual qualquer estímulo ou representação (externa ou interna) fica conectado a uma reação e a dispara. Ancorar, em PNL, é o processo de associar um estímulo externo (cinestésico, tocar alguma parte do corpo; visual, gestos ou imagem; auditivo, palavras, tom de voz, sons; olfativo/gustativo, cheiros ou gostos) a um estado emocional.

Ancorar pode ser uma boa forma de ultrapassar medos e obstáculos, ou mudar comportamentos. Nós já temos muitas âncoras instaladas inconscientemente. A PNL ensina que as âncoras (como um toque especial associado a uma memória ou um estado) podem ser criadas deliberadamente e acionadas para ajudar as pessoas a acessarem estados "plenos de recursos" ou outros estados desejados.

A âncora é um sinal irresistível de que está na hora de entrar num determinado estado. A âncora irá automática e instantaneamente impulsionar você para a emoção, sem que você seja capaz de fazer alguma coisa! As duas partes principais da ancoragem são:

- gatilho ou estímulo ou âncora
- a reação – a mudança de humor automática ou inconsciente que ocorre como resultado do gatilho.

Na PNL, "ancoragem" se refere ao processo de associar reações internas com algum gatilho externo ou interno porque assim, prontamente, podemos acessar essa reação de novo.

A ancoragem é um processo que na superfície é similar à técnica do "condicionamento" usada por Pavlov para criar uma ligação entre escutar uma campainha e a salivação nos cachorros. Ao associar o som da campainha com o ato de dar comida para seus cachorros, Pavlov descobriu que, eventualmente, podia só tocar a campainha que os cachorros começavam a salivar, mesmo que não lhes fosse dada nenhuma comida. Na fórmula estímulo/reação dos behavioristas, entretanto, o estímulo é sempre uma sugestão ambiental e a reação sempre uma ação comportamental específica. A associação é considerada reflexiva e não uma questão de escolha.

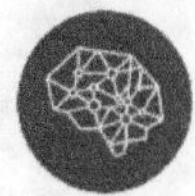

Na PNL esse tipo de condição associativo foi expandido para incluir ligações entre outros aspectos da experiência além das sugestões puramente ambientais e reações comportamentais. Uma imagem recordada pode se tornar âncora para uma sensação interna particular, por exemplo. Um toque na perna pode se tornar âncora para uma fantasia visual ou mesmo uma crença. Um tom de voz pode se tornar âncora para um estado de exaltação ou confiança. Uma pessoa pode conscientemente escolher estabelecer e redisparar essas associações para ela mesma. A ancoragem pode ser uma ferramenta muito útil para ajudar a estabelecer e reativar processos mentais associados com a criatividade, o aprendizado, a concentração e outros recursos importantes.

É significante que a metáfora da "âncora" seja usada na terminologia da PNL. A âncora de um navio ou de um barco está amarrada pelos membros da tripulação a algum ponto estável a fim de segurar o navio numa certa área e evitar que ele navegue sozinho. A implicação disso é que a sugestão que serve como "âncora" psicológica não é apenas um estímulo mecânico que "causa" uma resposta como também é um ponto de referência que ajuda a estabilizar um estado particular. Para ampliar completamente a analogia, o navio pode ser considerado como o foco da nossa consciência no oceano das experiências. As âncoras servem como pontos de referência que nos ajudam a descobrir um local particular nesse mar de experiências, a manter lá a nossa atenção e evitar que ela 'flutue.'

O processo de estabelecer uma âncora envolve basicamente a associação simultânea de duas experiências. Nos modelos de condicionamento behavioristas, as associações se tornam mais fortemente estabelecidas através da repetição. A repetição também pode ser usada para fortalecer as âncoras. Por exemplo, você pode pedir para alguém reexperimentar ativamente uma ocasião em que estava muito criativo e bater de leve no ombro dele enquanto ele pensa na experiência. Se você repetir isso uma ou duas vezes, o toque no ombro vai começar a se tornar ligado ao estado criativo. Eventualmente um toque no ombro fará a pessoa automaticamente relembrar o estado criativo.

 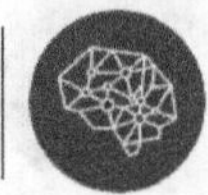

O Rapport

Na PNL nós consideramos que o **rapport é o sentido da harmonia**, do reconhecimento e da aceitação mútua que existe entre as pessoas quando elas estão à vontade umas com as outras e onde a comunicação está ocorrendo facilmente.

O objetivo de estar em rapport com alguém é que as semelhanças entre nós são enfatizadas e as diferenças são minimizadas. Quando não há rapport não há comunicação.

A capacidade de criar rapport é uma habilidade que pode ser aprendida e que podemos usar para facilitar o nosso relacionamento com qualquer um, em qualquer cenário, e até mesmo com aqueles de quem discordamos profundamente.

Existem muitas maneiras de se criar rapport. Nas três maneiras mais efetivas de se estabelecer rapport, você:

- combina sutilmente com a comunicação não verbal – especialmente padrões de voz e padrões de contato visual.
- desenvolve um interesse genuíno na outra pessoa e em seu modelo de mundo.
- usa os 4 R's da PNL: respeito, reconhecimento, reafirmação e responsabilidade.

A maneira mais rápida e mais útil para se começar é criar rapport não verbal usando o som da sua voz e o seu padrão de contato visual. É muito simples – você tem como objetivo aproximar o tom da voz da pessoa e a maneira na qual ela cria o contato visual. Em geral, o objetivo é fazer o mínimo necessário para alcançar o rapport. Você tem como meta ser sutil e criar rapport de forma mais natural possível.

Outra das maneiras eficazes de se criar rapport é desenvolver um interesse genuíno nas pessoas, no modelo de mundo delas.

Por fim, o uso dos 4 R's é uma abordagem que tem como objetivo garantir que, no rapport dela conosco, a pessoa experimente uma sensação de Respeito, Reconhecimento, Reafirmação e Responsabilidade.

O Processo ROLE-BAGLE

Como resultado da Programação Neurolenguística, a comunicação foi aprimorada pelo desenvolvimento de modelos que podem ser colocados em prática precisamente para alcançar melhores resultados nos relacionamentos.

ROLE e BAGEL são dois acrônicos de dois modelos estruturais da PNL. O Modelo ROLE (*Representational system* [Sistema Representacional], *Orientation* [Orientação], *Links* [Acesso], *Effect* [Efeito] e o Modelo BAGEL (*Body posture* [Postura Corporal], *Accessing cues* [Acesso Ocular], *Gestures* [Gestos], *Eye movements* [Movimento Ocular], *Language patterns* [Padrões de Linguagem]).

Dilts expressa que *"o objetivo do processo de modelagem ROLE é identificar os elementos essenciais do pensamento e comportamento usados para produzir uma reação ou resultados específicos."*

Os elementos do modelo ROLE tratam principalmente de processos cognitivos. Contudo, para funcionar, esses programas mentais precisam de ajuda de certos processos fisiológicos e corporais para consolidação e expressão. Essas reações físicas são importantes no Ensino ou desenvolvimento de alguns processos mentais e também para a observação externa e posterior confirmação.

O modelo BAGEL identifica um certo número de tipos de pistas comportamentais, entre elas as feições físicas e os olhos, associadas aos processos cognitivos – em particular, os ligados aos cinco sentidos.

 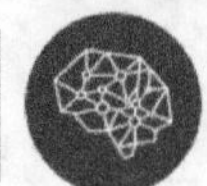

Estado Atual e Estado Desejado

EA → ED

A ideia é muito simples: os problemas do cliente constituem o seu Estado Atual; ele tem questões que deseja trabalhar, que são as demandas de sua meta. E com tudo isso ele quer chegar a algum lugar; esse é o Estado Desejado. Em outras palavras, sempre que o cliente estabelece metas que deseja alcançar é muito importante que ela saiba exatamente como ele se encontra hoje em relação à sua meta.

PNL & Saúde

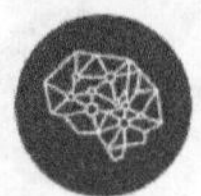

PNL, Envelhecimento e Longevidade

Viver uma vida longa e vital é um objetivo que a maioria de nós compartilha. Quão precisamente isso pode ser alcançado, no entanto, permaneceu um quebra-cabeça em grande parte não resolvido. Qual é a chave para a longevidade? Como é possível manter uma perspectiva jovem e um nível de energia à medida que avançamos em anos? Quais são os 'segredos' daqueles idosos excepcionais que dominaram os desafios da vida?

Estudos sobre longevidade

Uma expressão do interesse geral no tema da longevidade é a grande quantidade de dados estatísticos que foram coletados sobre indivíduos e comunidades que atingem idades anormalmente avançadas. Essas informações podem ser divididas em duas categorias:

1) dados sobre comunidades que, como um grupo, atingem uma idade média excepcionalmente alta e

2) dados sobre indivíduos que atingem idades excepcionalmente altas em comparação com seus pares na mesma comunidade.

Um exemplo de pesquisa na primeira categoria (comunidades saudáveis) é o estudo de habitantes de áreas como a região de Hunza, no Paquistão, e a Abkásia, na Rússia. Um exemplo do segundo tipo de pesquisa (indivíduos saudáveis) seria o estudo de George Gallup (1966), que investigou os hábitos e estilo de vida de 402 americanos com idade média de 99 anos.

O principal método para a realização de pesquisas estatísticas sobre a longevidade envolve contrastar indivíduos de vida longa ou comunidades com vida mais curta. Como resultado deste contraste, diferenças estatisticamente significativas são determinadas. Todos os relacionamentos descobertos dessa maneira são de natureza correlacional. Por exemplo: a pesquisa estatística mostra que o consumo moderado se correlaciona com a idade avançada, não provando que isso realmente causa a idade avançada. Há sempre a possibilidade de um terceiro fator, causando tanto o consumo moderado quanto a alta idade. A pesquisa estatística pode estabelecer uma correlação entre comer sorvete e morte por afogamento; o terceiro fator neste caso é o clima quente. Em segundo lugar, esse tipo de pesquisa se preocupa com as médias.

As correlações encontradas desta forma envolvem fatores hereditários, fatores comportamentais e nutricionais, fatores de personalidade e fatores sociais. Eles podem ser resumidos da seguinte forma:

Comunidades de vida longa e indivíduos (em média):

1) Ter pais e parentes próximos que também alcancem altas idades e tenham baixa incidência de doenças coronarianas e hereditárias.
2) Beba moderadamente (1 ou 2 bebidas por dia) e não fume.
3) Comer baixo teor de gordura, baixo teor de açúcar, dietas de baixa caloria e não estão acima do peso.
4) Exercite-se regularmente, mas não excessivamente.
5) São flexíveis, relaxados, determinados, alegres, otimistas e inteligentes (QI acima da média).
6) Evite situações de alto risco.
7) Ter relacionamentos duradouros (amigos e cônjuge).
8) Faça sexo pelo menos 1 ou 2 vezes por semana.
9) Experimente uma taxa de mudança moderada ou lenta em suas vidas.

Mesmo que os dados estatísticos não provoquem quaisquer relações causais, ele fornece um quadro ideal (e composto) razoavelmente claro do estilo de vida e da personalidade dos 90 anos ativos e saudáveis. Ele ou ela é uma pessoa feliz e flexível, com um estilo de vida moderado e equilibrado e relações sociais harmoniosas. A próxima pergunta então se torna: *"Como alguém se torna tal pessoa?"* Como a maioria das pessoas em nossa sociedade já sabe que o estilo de vida descrito é saudável, sabemos que uma instrução simples como *"Viva feliz e moderadamente"* não é suficiente. Queremos encontrar os processos psicológicos que organizam a maioria dos fatores estatisticamente significativos em um padrão de vida consistente que pode ser mantido de forma relaxada e quase automática. Sabemos mais ou menos o que uma pessoa idosa vital faz, agora precisamos saber como ele faz isso.

A maioria dessas informações, no entanto, está no nível de fatores comportamentais, ambientais e de personalidade em geral. Dois elementos cruciais estão faltando:

1) uma análise aprofundada dos processos psicológicos específicos envolvidos, e
2) uma maneira de consolidar todos esses dados em um sistema integrado de padrões de vida que podem ser facilmente alcançados pela pessoa comum.

Para implementar esse sistema, precisamos explorar os fatores psicológicos gerais necessários para organizar e apoiar os padrões

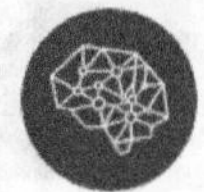

comportamentais e ambientais. Estratégias cognitivas, crenças, identidade e questões "espirituais" influenciam nossa vontade de viver, nossa capacidade de lidar com o estresse criado pelas transições de vida e nossa capacidade de estabelecer padrões de vida consistentemente saudáveis. A importância desses níveis mais profundos de organização está se tornando cada vez mais reconhecida pela profissão médica.

O Dr. Peter Van Der Schaar, por exemplo, diretor do *Centro Internacional Biomédico* na Holanda (um cirurgião cardio-vascular líder há mais de 25 anos e especialista ortomolecular que estuda os aspectos bioquímicos da extensão da vida), propõe que todo conhecimento cirúrgico e químico é basicamente impotente para prolongar a vida, a menos que o paciente seja capaz de estabelecer padrões gerais de vida saudáveis.

Influências Psicológicas na Saúde e no Envelhecimento

Além de fatores ambientais e comportamentais, os fatores psicológicos também mostraram influenciar a saúde das pessoas que estão envelhecendo. Rodin (1986) cita uma relação entre a saúde e um senso de controle em pessoas idosas. Seus estudos mostraram que houve efeitos prejudiciais sobre a saúde dos idosos quando o controle de suas atividades era restrito; por outro lado, as intervenções que melhoraram as opções de controle por parte dos pacientes do lar de idosos promoveram a saúde.

Rodin também relatou uma relação entre saúde física, senso de controle e 'rotulagem de sintomas' em pessoas de todas as idades. Ou seja, o senso de controle de uma pessoa afetou a maneira como ele ou ela experimentou e rotulou sensações corporais como sintomas relevantes para a saúde ou doença e vice-versa. Em outras palavras, pessoas que têm menos senso de controle são mais propensas a rotular uma sensação física como um "sintoma" da doença. Da mesma forma, o rótulo que recebe uma sensação física específica afetará o grau de controle que uma pessoa sente sobre ela.

Certamente, nos últimos anos, o corpo de dados que conecta saúde e atitude cresceu significativamente. Existem inúmeras indicações de que a atitude de uma pessoa idosa em relação à vida pode influenciar sua saúde de várias maneiras. A PNL tem muito a acrescentar a essa exploração.

Com as ferramentas e processos fornecidos pela Programação Neurolinguística, podemos começar a construir um modelo pragmático dos elementos psicológicos necessários para viver uma vida longa e vital.

A PNL já foi aplicada ao estudo das estratégias mentais e dos sistemas de crenças que influenciam a doença (Dilts, 1980, 1983, 1990). Técnicas de estratégia e crença foram desenvolvidas para ajudar as pessoas a lidar com a doença de forma mais eficaz, mas essas técnicas têm sido naturalmente de natureza curativa. A extensão da vida envolve mais do que evitar e superar doenças - isso requer estratégias e crenças que nos permitem alcançar padrões e atitudes positivos de vida em geral.

Longevidade de Modelagem

A PNL foi originalmente desenvolvida através da modelagem dos padrões cognitivos, lingüísticos e comportamentais compartilhados de terapeutas excepcionais, como Fritz Perls, Virginia Satir e Milton Erickson. Os mesmos princípios de modelagem podem ser usados para encontrar os padrões de idosos excepcionais que dominaram com sucesso o processo de envelhecimento.

Em maio de 1988, Robert Dilts e Jaap Hollander conduziram um projeto de modelagem de PNL para identificar as estratégias e crenças de quatro holandeses idosos ativos e ativos. O projeto foi conduzido em um formato de oficina de dois dias e meio, organizado pelo *Instituto de Psicologia Eclética* (IEP) de Nijmegen, na Holanda.

O workshop envolveu 35 praticantes avançados de PNL que participaram do projeto de modelagem e ajudaram na fase de observação. O programa começou com uma sessão noturna, durante a qual questões específicas de modelagem foram geradas e selecionadas. Questões centradas em questões como transições de vida, linhas do tempo e percepção do tempo, relações com outras pessoas significativas, crenças e valores pessoais, estratégias para lidar com o estresse, doença e morte, e atitudes sobre o envelhecimento. A seguir, a lista de perguntas feitas durante as entrevistas.

1) Você se considera uma pessoa excepcional?
2) Como você sabe que é vital? De onde você tira sua energia?
3) O que você considera as transições mais importantes em sua vida?
4) Quais transições foram as mais difíceis? Como você lidou com eles? Como você lida com o estresse e os problemas em geral?
5) O que mudou mais em você em sua vida? O que permaneceu o

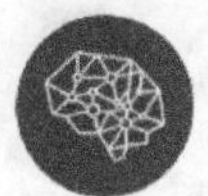

mesmo?

6) Você deixou alguma parte sua ou de sua vida?

7) Você mudaria alguma coisa sobre sua vida?

8) Como você vê seu futuro? Como você se relaciona com seu passado?

9) Qual você acredita ser o mais importante para viver uma vida longa e vital: mente, corpo ou ambiente?

10) Qual teve o papel mais importante em sua vida: Visão, Linguagem ou Sentimentos?

11) Para viver uma vida longa e vital que é mais importante: as coisas específicas que você faz para se manter fisicamente saudável ou a sua abordagem geral da vida?

12) O que lhe dá seu senso de identidade ou identidade? Você sente que tem uma missão ou propósito na vida?

13) Como você foi influenciado pelo seu relacionamento com: Seus pais? Seus filhos? Seu companheiro?

14) Você teve outros modelos além dos seus pais?

15) Quem te influenciou mais? Com quem você é mais grato?

16) Como você lidou com a morte de outras pessoas importantes? Eles ainda estão presentes em sua vida?

17) Como você pensa sobre a morte em geral?

18) Como você lida com a doença?

19) Qual é a diferença entre idade e juventude?

20) Qual é a sua atitude sobre a relação entre trabalho e diversão?

21) Quais são os valores mais importantes para ter na vida?

22) Quais são seus pontos de vista sobre questões espirituais como Deus e a vida após a morte, etc.?

23) Qual é o papel das emoções em sua vida?

24) O humor é importante para uma vida longa?

25) Qual sua piada favorita?

26) Que pergunta você acha que é mais importante para nós respondermos em nossas próprias vidas?

Conclusões do estudo

As regras mais básicas para um comportamento eficaz e bem-sucedido de acordo com a Programação Neurolinguística são:

1) Tenha um objetivo futuro fixo.

2) Tenha a evidência sensorial necessária para determinar com precisão o seu progresso em direção ao objetivo.

3) Tenha um conjunto variável de meios para atingir seu objetivo e a flexibilidade comportamental para implementar essas escolhas.

Cada um dos modelos no estudo da PNL demonstrou uma determinação obstinada em alcançar seus próprios objetivos na vida e a flexibilidade para alcançar esses objetivos. Além disso, cada objetivo tinha uma expressão concreta - fosse em corridas de bicicleta, escrevendo livros, atividades religiosas ou moda e natureza.

Os modelos violaram alguns dos dados estatísticos de estudos anteriores. Por exemplo, em vez de relacionamentos longos, cada um deles perdeu pelo menos um cônjuge e alguns em idade precoce. Todos haviam passado por algumas mudanças bastante difíceis e traumáticas, como a guerra, etc. Em vez dos tipos de ambiente ou eventos que cercavam nossos modelos, era a abordagem deles a essas experiências que pareciam ser a *"diferença que faz a diferença"*. Esta conclusão é apoiada pela montagem de evidências médicas sobre a interação entre mente e corpo.

Os resultados das entrevistas podem ser resumidos da seguinte forma.

Padrões para extensão de vida

---

1) **Fisiologia**
   a. Seja simétrico em gestos e movimentos.
   b. Continue se movendo mentalmente e fisicamente.
   c. Cantar.
2) **Estratégias cognitivas**
   a. Olhe para o lado positivo das coisas.
   b. Ser capaz de reformular situações aparentemente negativas.
   c. Tenha senso de humor.
   d. Aprenda com vários modelos de papel.
   e. Incorporar entes queridos perdidos.
   f. Integre os estágios iniciais de desenvolvimento.
3) **Padrões de Meta-programa**
   a. Mova-se para futuros positivos.
   b. Tem um forte quadro interno de referência.
   c. Combine o que ajuda e não combina com o que não combina.
4) **Crenças e Valores**
   a. Relacionamentos são muito importantes.
   b. Eu sou útil para os outros.
   c. Saúde e vitalidade são normais.
   d. A velhice é um benefício.

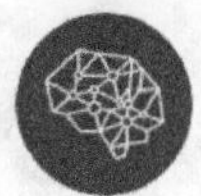

e. Você tem que trabalhar para isso, e vale a pena trabalhar para.

5) Identidade

a. Tem uma identidade estável.

b. Ter uma identidade que seja congruente com a história pessoal, familiar e cultural.

6) Espiritual

a. Tenha um relacionamento contínuo com o espiritual.

É interessante notar que estes resultados parecem combinar com o conselho de outra pessoa idosa vital mais conhecida. Em uma entrevista no *USA Today* em seu 90° aniversário, Norman Vincent Peale, autor de *O Poder do Pensamento Positivo* (que vendeu 15 milhões de cópias em 40 idiomas desde 1952), deu as seguintes dicas para o sucesso, saúde e felicidade:

1) Acredite em si mesmo e cavalgue sua autoconfiança.

2) Mantenha sua mente ativa e você aumentará a energia.

3) Pense em pensamentos positivos.

4) Não tenha medo de tentar algo novo. Sempre se esforce para o topo.

5) Não se demore em idade ou doença.

6) Tenha fé em Deus.

7) Ame as pessoas e tente ajudar os outros.

Peale, que ainda viaja e faz palestras regularmente, é um bom modelo para os possíveis efeitos de seu próprio conselho.

A abordagem comum da vida compartilhada pelos quatro modelos no estudo da PNL (e ecoada por outros como Norman Vincent Peale) pode ser resumida pelos seis passos a seguir:

Seis passos para uma vida longa e vital:

---

1) Olhe para o lado positivo e tenha um bom senso de humor.

2) Continue em movimento, mas nunca deixe uma parte de si mesmo para trás.

3) Fique com quem você é e o que você quer.

4) Valorize relacionamentos e aprenda com pessoas diferentes.

5) Mova-se para um futuro positivo.

6) Cantar.

A essência da mensagem dos modelos sobre como viver uma vida longa e vital parece ser "Concentre-se mais em colocar mais vida em seus anos do que anos em sua vida", e a longevidade virá como um resultado natural.

Práticas que promovem a longevidade

Uma das principais preocupações da PNL, é claro, é como colocar essas informações em aplicações práticas depois de coletadas. De acordo com a PNL, devemos responder à pergunta: *"Como instalamos as crenças e estratégias desses modelos vitais de idosos em outras pessoas?"* Na verdade, numerosos métodos já existem para melhorar o desenvolvimento de crenças e sistemas positivos de crenças. A repetição de afirmações verbais positivas e o uso de sugestão hipnótica têm sido usados há anos para instalar crenças positivas. De fato, um estudo mostrou que idosos residentes em asilos, que simplesmente receberam sugestões hipnóticas positivas para a saúde e a vida longa, viveram em média seis anos a mais do que os residentes da mesma instituição que não receberam sugestões!

Técnicas de visualização também existem e foram mostradas para produzir um impacto significativo sobre a saúde - mesmo em casos de doenças graves, como câncer. Técnicas de redução do estresse físico e relaxamento também estão disponíveis. Nossos resultados de modelagem indicam que haveria resultados positivos na área de extensão da vida ao aprender a estar mais em contato com seus sentimentos e fisiologia.

Muitos desses métodos, no entanto, muitas vezes tendem a não ter o nível de tecnologia necessário para construir as habilidades e estratégias específicas necessárias para realizar os resultados de tais sugestões verbais ou visualizações. Eles são mais propensos a ter sucesso em ajudar a direcionar e organizar indivíduos que já possuem estratégias de enfrentamento disponíveis para eles.

A Programação Neurolinguística fornece muitas habilidades e técnicas específicas para o desenvolvimento de novas estratégias e crenças que envolvem todos os sentidos. As técnicas de PNL, como a **Reformulação**, o **Gerador de Novos Comportamentos**, as **condições de boa formação para resultados** e o *Pacing* **Futuro** fornecem ferramentas específicas para aprender muitos dos processos importantes descritos pelos modelos em nosso estudo. Habilidades avançadas de PNL, como *Reimprinting*, **Padrão** *Swish* e **Integração de Crenças em Conflitos**, podem ajudar as pessoas a superar as barreiras a essas crenças e estratégias, caso precisem. Todos esses procedimentos passo a passo são acessíveis através dos meus Manuais de PNL e Hipnoterapia Estratégica Breve, bem como meus seminários sobre PNL que estão disponíveis.

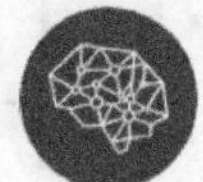

Generalidades

1) Estabelecer a relação entre mente e corpo.

   a) Use submodalidades para influenciar alguns resultados psíquicos, que não podem ser facilmente simulados e que são objetivamente observáveis (ex.: inchaço, coloração, olhos luminosos, reações de erupção na pele, etc.)

   b) Introduza a noção de causas e efeitos em múltiplos níveis (ex.: células, tecidos, órgãos, comportamento, etc.) e mudança sistêmica.

2) Estabeleça um resultado apropriado.

   a) Orientado para o objetivo

   b) Definir a participação pessoal

   c) Base sensorial de evidência para testar o progresso

      1) Marcos para o progresso gradual

      2) Evidência em níveis múltiplos.

3) Identificar interferências atuais para a meta de saúde. Preste atenção aquelas que podem ser negadas, passadas por alto, evitadas ou escondidas.

   a) Sintomas

   b) Antigas crenças e respostas emocionais

   c) Conflitos internos

   d) Problemáticas inter-relacionais

4) Identificar a comunicação do sintoma/interferência. Há assuntos que tem a ver com querer, saber como, ou ter a oportunidade de adquirir uma boa saúde. Leve em consideração que um sintoma em particular pode ter múltiplas causas.

   a) Fazer um investigação no paciente da(s) experiência(s) da formação de crenças/sintoma.

   b) Explorar "linguagem orgânica" e metáforas

   c) Clarificar crenças/partes/critérios em conflito

   d) Explorar intenções positivas, benefícios secundários ou derivados positivos dos sintomas ou comportamentos produzidos pelos sintomas.

5) Implementar os recursos apropriados em resposta a comunicação. Leve em consideração que pode necessitar mudar um número de procedimentos para alcançar a "massa crítica" requerida para a mudança.

a) Sintomas → Informação sobre o "como" das dietas, exercícios, tratamentos, visualizações, estratégias, etc.

b) Velhas Crenças e Respostas emocionais → Re-imprint.

c) Conflitos Internos → Técnicas de Integração de Crenças

d) Inter-Relações → Habilidades de Comunicação

6) Faça o paseio-ao-futuro das metas se saúde e comportamentos necessários para obter essas conquistas.

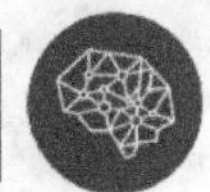

Os Níveis "Neuro-Lógicos" e a Saúde

Níveis Lógicos

Gregory Bateson (1973) sinalizou que no processo de aprendizagem, mudança e comunicação havia hierarquias naturais de classificação. A função de cada nível era a de organizar a informação do nível inferior, e as regras para mudar algo num nível eram diferentes das utilizadas para mudar algo num nível inferior. O feito de mudar algo num nível inferior poderia afetar os níveis superiores; mas fazer uma mudança nos níveis superiores mudará, necessariamente, coisas nos níveis inferiores para poder sustentar a mudança do nível superior. Bateson pontuou que era a confusão dos níveis lógicos o que criava os problemas.

Níveis Neuro-Lógicos

Cada um dos seguintes níveis comprometem com maior profundidade os circuitos neurológicos:

Espiritual — **Holográfico** – Sistema nervoso como um todo

a) Identidade — **Sistema Imunológico e Sistema Endócrino** – Funções profundas de mantimento da vida

b) Crenças — **Sistema Nervoso Autônomo** (i.e.: Ritmo Cardíaco, Dilatação de Pupílas, etc...) – Respostas inconscientes

C) Capacidades — **Sistemas Corticais** - Ações semi-conscientes (movimentos oculares, postura, etc...)

d) Comportamentos — **Sistema Motor** (Piramidal e Cerebelo) – Ações conscientes

e) Ambiente — **Sistema Nervoso Periférico** - Sensações e reações reflexas

Exemplos de manifestações em diferentes níveis lógicos

As seguintes declarações indicam os distintos níveis de resposta de um estudante que tinha câncer:

a) Identidade   - *"Sou uma vítima do câncer"*

b) Crenças   - *"Não aceitar o inevitável é uma falsa esperança"*

c) Capacidades   - *Não sou capaz de manter-me saudável"*

d) Comportamento específico   - *"Tenho um tumor"*

e) Ambiente   - *"O câncer está me atacando"*

As seguintes declarações indicam os distintos níveis de resposta em alguém que estava aprendendo PNL:

a) Identidade   - *"Sou uma pessoa saudável"*

b) Crenças   - *"Se estou sã posso ajudar aos outros"*

c) Capacidades   - *"Agora sei como influenciar minha saúde"*

d) Comportamento específico   - *"As vezes posso atuar saudavelmente"*

e) Ambiente   - *"As técnicas da PNL me curaram"*

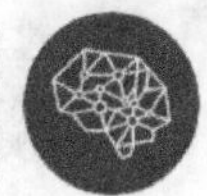

Características Físicas e Condutas Associadas a Longevidade

1) Tem pais e parentes próximos que:
   a) Alcançaram idade avançada e
   b) Tem baixa incidência de enfermidades coronárias e hereditárias
2) Bebe moderadamente (um ou dois tragos por dia).
3) Não fuma.
4) Faz dieta de baixo conteúdos de gordura, açúcares, calorias.
5) Não tem sobrepeso. Mantém o mesmo peso que aos 18 anos.
6) Pratica exercícios regularmente mas não exageradamente.
7) É flexível, relaxado, decidido, alegre, otimista e inteligente (QI acima da média).
8) Evita situações de alto risco.
9) Tem relações longas e duradouras – amigos e cônjuge.
10) Faz amor pelo menos uma ou duas vezes por semana.
11) Experimenta um moderado ou lento nível de mudança m suas vidas.

Pautas Para Alongar a Vida

1) **FISIOLOGIA**
   a) Seja simétrico em gestos e movimentos
   b) Mantenha-se em atividade física e psíquica
   c) Cante
2) **ESTRATÉGIAS COGNITIVAS**
   a) Olhe o lado positivo das coisas
   b) Seja capaz de ressignificar supostas situações negativas
   c) Tenha sentido de humor
   d) Adote o que ajuda e descarte o que não
   e) Aprenda de múltiplos modelos de papéis
   f) Incorpore os amores perdidos
   g) Integre as primeiras etapas do desenvolvimento
3) **METAPROGRAMAS MODELOS**
   a) Mova-se ao futuro positivo
   b) Tenha um forte marco de referência interno
4) **CRENÇAS**
   a) As relações são muito importantes
   b) Sou útil para os outros
   c) A saúde e vitalidade são normais
   d) A velhice é um benefício
   e) Tenho que trabalhar por isto, e vale a pena fazê-lo
5) **IDENTIDADE**
   a) Tenha uma identidade estável
   b) Tenha uma identidade congruente com a história pessoal, familiar e cultural
6) **ESPIRITUAL**
   a) Tenha uma progressiva relação com o espiritual

Seis Passos Para uma Vida Longa e Vital

1) Olhe o lado positivo das coisas e tenha bom senso de humor.
2) Mantenha-se ativo mas nunca deixe uma parte sua para trás.
3) Mantenha-se no que é e o que queres.
4) Valorize suas relações e aprenda com diferentes pessoas.
5) Avance para um futuro positivo.
6) Cante.

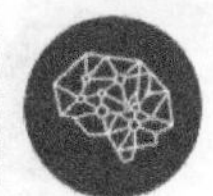

Criando um Atalho Até a Saúde e o Bem-Estar

1) Faça com que o explorador imagine uma linha, que se estende da esquerda para direita sobre o chão adiante dele. Esta linha representará o passado, presente e futuro do explorador.

2) Estabeleça uma "Meta-Posição" fora desta linha de tempo.

3) Faça com que o explorador se coloque sobre a linha do tempo, associado no presente, olhando para o futuro, e peça que verbalize as seguintes crenças:

   a) Minha meta de saúde é possível

   b) Tenho a capacidade de adquirir minha meta de saúde e

   c) Minha meta de saúde é uma parte natural de mim mesmo e eu a mereço

4) Faça com que o explorador avance três passos em direção ao futuro. Não importa quanto representa cada passo em tempo ou espaço.

   a) Em cada passo pare e pergunte ao explorador: *"O que está fazendo?" "Onde estás agora?" "Quem és?"* Quando o explorador contestar assegure-se de que ele o conteste na primeira pessoa do presente, por exemplo: **"EU SOU..."**

   b) Se houver resistência quanto ir ao futuro com estas novas crenças, coloque o explorador na meta-posição e verifique se suas crenças sobre a meta de aprendizagem:

      i) Preservam a intenção positiva e os benefícios secundários do estado presente. Pergunte: *"Que coisas positivas ou benefícios obtém, do problema presente?" "Como, especificamente manterás estas coisas com tuas novas crenças?"*

      ii) Se estão no contexto apropriado e respeitam a ecologia da pessoa. Pergunte: *"A quem e a que outra coisa poderia afetar esta crença?" "Existe alguma forma na qual esta crença poderia ter um efeito negativo?" "O que fará para impedir qualquer efeito negativo?"*

   c) Faça com que o explorador experimente a fundo estando associado, como seria estar em todos os sentidos.

5) No passo 3, faça com que o explorador se vire e olhe para o passado. Peça-lhe que caminhe lentamente sobre a linha do tempo até o passado, encontrando qualquer experiência com recursos que apoiem as habilidades ou crenças necessárias para viajar pelo caminho que nos permita alcançar a(s) meta(s) desejada(s). É uma

boa idéia andar em cada uma das recordações. Também lhe peça que identifique mentores que o ajudem ou lhe apoiem no desenvolvimento de crenças ou habilidades com recursos.

a) Se houver experiências ou recordações negativas que não apoiem rumo ao futuro ou a(s) meta(s), coloque o explorador na meta-posição, reconheça que estão ali e que tem que ocupar-se delas, mas, no momento, faça com que o explorador passe por cima ou pelo lado destas experiências.

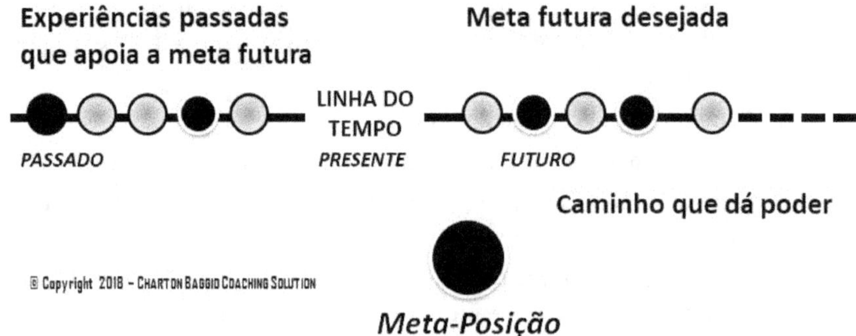

6) Quando o explorador tiver encontrado a lembrança de apoio mais recente, peça-lhe que volte ao futuro. A medida que o explorador se direciona novamente para o futuro, peça-lhe que junte todas as experiências que lhe apoiem, as lembranças e os mentores e que os leve ao futuro. Como antes, o explorador pode simplesmente pular ou evitar as experiências negativas. Quando o explorador chegar no lugar da meta futura deve haver trazido todas aquelas experiências e lembranças que o apoiam a atingir a meta. Você pode usar âncoras que estabeleçam a mudança do explorador o ajudando-o a enunciar os recursos.

Ciclo de Mudança de Crenças

Estabelecer um espaço de trabalho para a mudança de crenças. Criar uma âncora espacial para cada um dos estados mostrados a seguir:

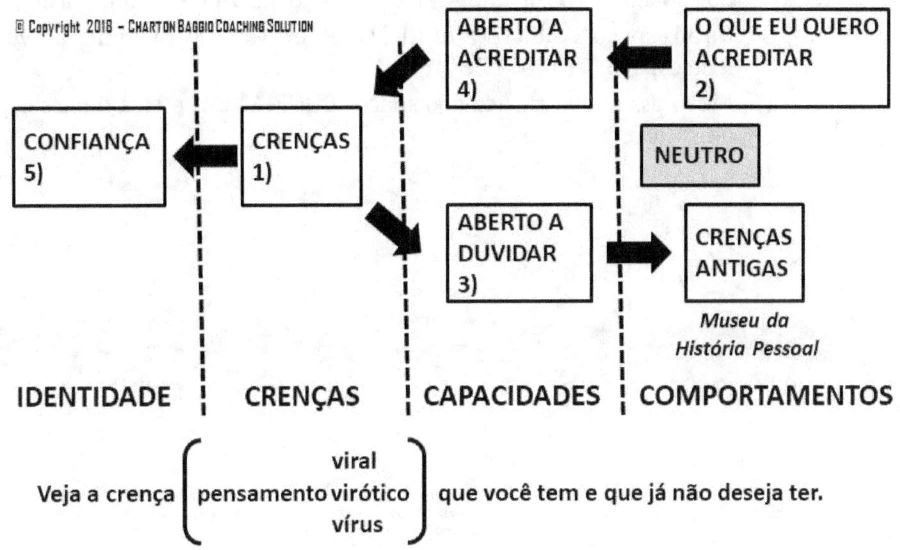

(Situe-a no espaço Nº 1: CRENÇAS)

1) A nova crença que você quer acreditar.

2) Um tempo/experiência na qual você estava aberto a acreditar.

3) Um tempo/experiência na qual você começou a pôr em dúvida algo que havia acreditado ferreamente por muito tempo.

4) Algo que você acreditava e que já não acredita mais (crenças abandonadas).

5) Uma experiência de confiança profunda quem sabe de um tempo quando você não sabia que acreditava mas que podia confiar, em você ou em um poder superior.

   a) Posição neutra (Meta-posição).

   b) Pare no espaço "crença" e pense no "pensamento virótico" que gostaria de mudar. Sustente-o na mente e mova-se para o espaço " ABERTO A DUVIDAR". Deixe este "pensamento virótico" neste espaço.

c) Mova-se ao espaço "O QUE QUERO ACREDITAR" e pense na nova crença que quer ter. Vá ao espaço "ABERTO A ACREDITAR".

d) Vá ao espaço "NEUTRO" e veja se há qualquer mudança que você gostaria de fazer na nova crença e que parte(s) da velha crença vale a pena incorporar.

e) Volte ao espaço "ABERTO A DUVIDAR", recolha a velha crença e vá ao espaço de "CRENÇAS ANTIGAS ARQUIVADAS" e despeje-a aí.

f) Vá ao espaço "ABERTO A ACREDITAR" e retire a nova crença e leve-a ao espaço "CRENÇAS".

g) Mova essa nova crença ao espaço "CONFIANÇA" e faça o passeio-ao-futuro.

Estruturas Verbais Para a Afirmação de Crenças Limitantes

Se eu obtenho o que quero então ________________________________

____

Estar saudável signficaria ____________________________________

____

____ causa minha enfermidade.

Estar bem fará ____

____

Devo estar doente porque ______________________________________

____

Eu não posso curar-me porque __________________________________

____

Não me é possível estar sadio porque __________________________

____

Eu não sou capaz de estar sadio porque ________________________

____

Nunca vou melhorar porque _____________________________________

____

Sempre vou ter este problema de saúde porque __________________

____

É ruim querer estar saudável porque ___________________________

____

Não mereço estar saudável porque ______________________________

____

____

____

Afirmações Para a Saúde

- É possível para mim (você) estar saudável e bem.
- Confio em meu (seu) corpo. Confio na natureza.
- A saúde e a recuperação é um processo normal e natural.
- A doença/dor pode vir por coisas que parecem maiores que eu (você), no entanto, há uma força benéfica exterior trabalhando.
- A cura é uma função natural do corpo que aconteceu muitas vezes a muitas pessoas.
- Meu (teu) corpo foi desenhado para estar saudável e bem. Foi construído para ser capaz de reconhecer a saúde e o bem-estar e para ser capaz de curar-se a si mesmo.
- O processo de cura tem se aperfeiçoado durante milhões de anos através de milhões de criaturas.
- Meu corpo pode reciclar qualquer coisa que não seja boa para ele ou parte dele.
- Escuto a meu (teu) corpo. Sabe o que fazer e me diz isto.
- O processo de cura segue seu próprio curso. Funciona por si só.
- Há muitos caminhos até a saúde. Se dão de maneira mais apropriada.
- Recorde, a cura é um processo que tem etapas. Eu (você) necessito dar a mim mesmo (você mesmo) a chance de curar-me completa e ecologicamente.
- Cada etapa na recuperação é como uma personalidade diferente. Cada uma deve ser tratada com singularidade.
- Sempre a demora das coisas acontecem para o melhor.
- Eu (tu) tenho os recursos necessários para estar saudável e bem.
- Minha mente e meu (teu) corpo estão conectados e se apoiam mutuamente.
- A dor e a enfermidade é uma comunicação. É uma mensagem que diz a meu corpo o que fazer.
- Eu (você) tendo muitas opções com respeito a como responder.
- Eu (você) pode participar no processo de cura se eu (você) sintonizo com "a energia de cura" em meu próprio corpo.
- Eu posso abrir-me a essa energia, integrar-me com ela e ir com ela. Visualizo meu corpo vibrante e bem, e eu posso visualizar as partes de meu corpo e de meu sistema imunológico e de apoio ajudando-me.
- Eu (tu) o posso fazer. Eu (tu) tenho a força e o apoio.
- A saúde e a recuperação são um desafio. Algo que posso negociar em forma construtiva em vez de suportá-la.
- Saúde e bem-estar são processos naturais e eu (você) o mereço.
- Eu (você) posso aceitar tudo o referente a mim mesmo.

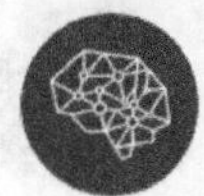

- Eu (você) quero ser saudável.
- Eu sou (você é) uma vida valiosa neste mundo. Eu tenho algo para contribuir.
- Eu (você) não estou só.
- Há muito amor e ajuda a meu redor.
- Os outros podem me apoiar de muitas maneiras diferentes.
- Eu (você) posso confiar naqueles que me apoiam (que o apoiam).
- Eu (você) posso confiar no grupo que me apoia.
- Eu (você) posso desejar que eles me ajudem.
- Eu (você) estou emergindo desde minhas profundezas.
- Eu sou (você é) muito forte. Eu (você) sempre o tenho sido.
- Vou muito bem
- Eu estou (nós estamos) realmente impressionado.
- O que eu (você) estou fazendo é algo para estar orgulhoso.

Exercício de Afirmações de Saúde

1) Forme grupos de três e sentem-se um do lado do outro. Os dois AFIRMANTES deverão estabelecer rapport com o EXPLORADOR e os três entrarem num estado de "Abertos a acreditar".

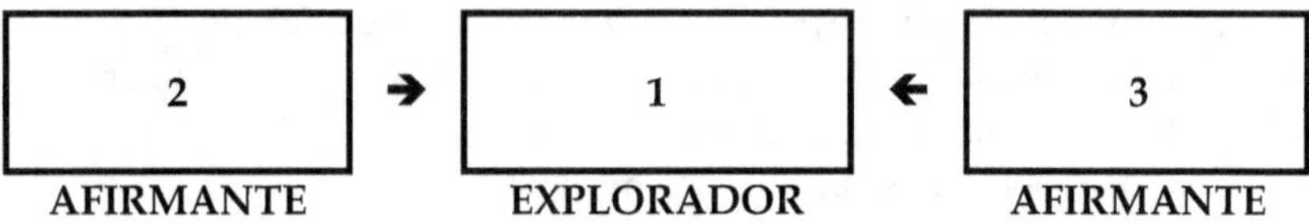

2) A pessoa do meio lê uma das afirmações da lista em voz alta, usando a primeira pessoa. Pode-se mudar as palavras se o desejar.

3) Por turno, primeiro a pessoa a sua esquerda e logo a seguir a pessoa a sua direita repete a afirmação a pessoa do meio (usando a Segunda pessoa).

4) Continue o ciclo até que todas as afirmações hajam sido lidas.

5) Observe o impacto das diferentes afirmações. Anote qualquer resistência ou crença limitante que surja em relação a crenças.

6) Troque as posições e repita o processo com cada um dos três e procure distinguir as diferenças de estar em cada posição.

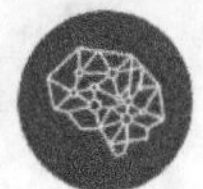

Alergias

O Sistema Imune

As Linhas de Combate do Sistema Imune

Primeira linha de combate	**Segunda linha de combate**	**Terceira linha de combate**
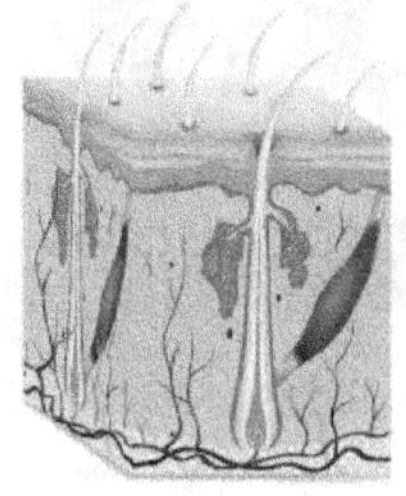	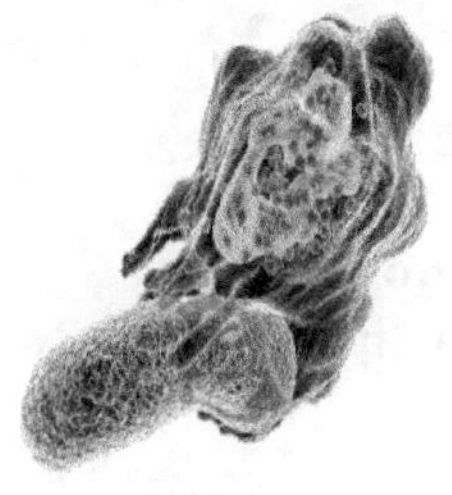	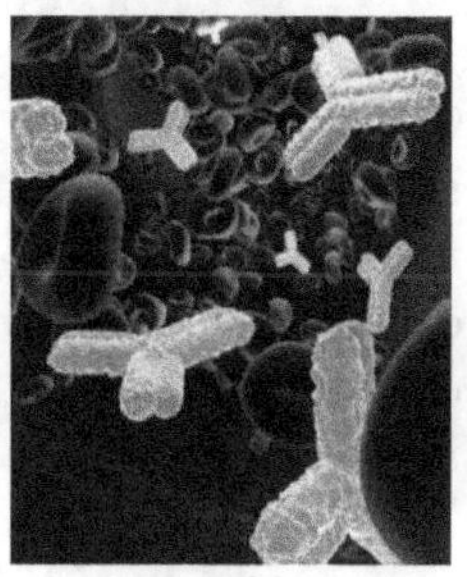

Barreiras naturais

- Pele e mucosas
- Secreções
- Flora normal
- Peristaltismo

Inflamação

- Células fagocitárias
- Substâncias antimicrobianas
- Altas temperaturas

- Anticorpos
- Resposta celular citotóxica

As Propriedades do Sistema Imune

ESPECIFICIDADE

O organismo reconhece e reage com a produção de anticorpos específicos contra determinado agente infeccioso.

DIVERSIDADE

O sistema imunológico é capaz de reconhecer milhares de tipos de microorganismos, bastante diferentes uns dos outros, e de desencadear contra cada tipo uma resposta adequada.

SENSIBILIDADE

As células têm uma grande sensibilidade diante de substâncias estranhas que invadem o corpo. Mesmo diante de pequenas quantidades de antígenos, as células se excitam e desencadeiam uma intensa mobilização da nossa defesa.

AQUISIÇÃO DE MEMÓRIA

Uma vez que o sistema imunológico tenha entrado em contato com um agente infeccioso, poderá desenvolver células capazes de reconhecer esse agente, mesmo depois de várias décadas.

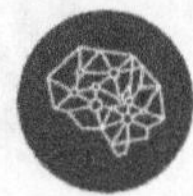

O Sistema Imunológico – A Tropa de Elite

Uma equipe eficiente e bem articulada patrulha a corrente sanguínea.

A INFANTARIA

O grandalhão macrófago chega primeiro ao local da invasão. Ele engole os vírus que estiverem soltos entre as células e produz substâncias chamadas citocinas, que servem como um alarme químico para convocar as outras células de defesa para a batalha.

A INTELIGÊNCIA

O linfócito T auxiliar atende ao chamado do macrófago e faz uma ficha policial do adversário. Esse arquivo químico contém informações preciosas sobre a composição dos antígenos, proteínas da superfície dos vírus.

A ARTILHARIA

O serviço de espionagem passa os dados coletados para o linfócito B, que se encarrega de produzir e disparar anticorpos contra os invasores. São moléculas que se encaixam nos antígenos como uma chave numa fechadura. Assim, eles não podem mais grudar nas células.

OS TANQUES

Então os macrófagos voltam a entrar em ação. Eles passam devorando os micróbios e acabando de vez com a ameaça ao corpo.

PONTO FINAL

Por fim, a célula T citotóxica trata de destruir células infectadas, para evitar que os vírus se multipliquem. Sua arma é um veneno que destrói a célula e tudo o que estiver dentro dela.

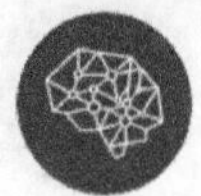

Alergias – O que são?

A alergia ocorre quando o sistema imunológico reage a substâncias geralmente inofensivas. Tais elementos são conhecidos como **alérgenos** e podem induzir a uma reação de hipersensibilidade (alergia), provocando inflamações em pessoas vulneráveis.

O processo alérgico costuma ocorrer em pacientes atópicos, ou seja, pessoas com tendência genética para desenvolver doenças deste tipo. Quando há o contato com determinado alérgeno, o sistema imunológico responde com anticorpos e libera certas substâncias, como a histamina, responsável pelo inchaço e irritação presentes na alergia. As substâncias que mais provocam reações alérgicas são encontradas em ácaros, pólen, animais de estimação, insetos, alimentos, medicamentos e mofo. É importante destacar que cada organismo reage de maneira diferente. Portanto, os alérgenos variam de pessoa para pessoa.

Basicamente, as reações alérgicas podem ser diferenciadas por suas causas e regiões do corpo que atingem. Os tipos mais comuns são:

As Alergias Respiratórias

Esse tipo de alergia atinge as vias respiratórias, composta pelas cavidades nasais, faringe, laringe, traqueia e brônquios. A manifestação mais comum é a rinite alérgica, que registra mais de 2 milhões de casos por ano no Brasil.

Rinite alérgica

Conhecida como febre dos fenos, pode se manifestar de duas maneiras: sazonal (ocorre apenas em uma parte do ano) e perene (ocorre o ano todo). A rinite pode ser provocada por diversos fatores, como pólens, pelos, ácaros, mofo, cigarro e até mesmo perfume. Os sintomas incluem coceira, olhos lacrimejantes, coriza e espirros. Esse tipo de alergia respiratória também possui fator genético como causa, na maioria dos casos.

Alergia à poeira

Os ácaros presentes na poeira são um dos maiores responsáveis pelas alergias respiratórias. Pessoas que sofrem com esse problema costumam apresentar sintomas de asma. Além de ácaros, a poeira pode conter pelos de animais, pedaços de baratas mortas e esporos de mofo, substâncias consideradas alérgenos.

Alergia ao mofo

O mofo está presente em toda a parte, uma vez que se espalha facilmente liberando esporos pelo ar. Em algumas pessoas, a inalação desses esporos provoca reações alérgicas, especialmente no trato respiratório. O mofo também pode desencadear ou agravar os sintomas da asma.

Alergia ao pólen

Um dos tipos de rinite alérgica sazonal, a alergia ao pólen é bastante comum, especialmente nas crianças. Ela é desencadeada devido aos pequenos grãos liberados pelas flores de algumas plantas. Esses grãos, chamados de pólen, se espalham pelo ar, provocando sintomas na região do nariz e/ou problemas respiratórios em pessoas alérgicas. A concentração de pólen varia de acordo com o clima, sendo a maior frequência registrada condições de temperaturas amenas, chuvas abundantes e pouco sol.

Alergia a animais de estimação

As proteínas encontradas nas células da pele, bem como a saliva ou urina de animais de estimação, podem provocar alergia em algumas pessoas. Comumente, a reação é desencadeada pela exposição aos flocos mortos de pele (caspa) do pet. Esse tipo de alergia está relacionado, na grande maioria das vezes, com gatos e cães, mas qualquer animal com pelos apresenta potencial alérgeno.

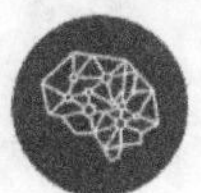

Alergia sazonal

As alergias respiratórias também podem estar relacionadas às mudanças climáticas, manifestando-se assim, em diferentes épocas do ano. Como dito anteriormente, o pólen é um dos principais causadores de reações. Além disso, especialmente no inverno, o mofo e a poeira podem desencadear sintomas de alergia.

As alergias na pele

O contato com alérgenos pode gerar irritações na pele de pessoas alérgicas, sendo as principais manifestações:

Urticária

Lesão na pele que provoca inchaço e intensa coceira, a urticária pode se manifestar em qualquer região do corpo, inclusive rosto, lábios, língua, garganta e orelhas. É dividida entre casos agudos e crônicos, podendo durar poucos dias ou semanas. Entre as causas estão produtos químicos, látex, picadas de insetos, luz solar e medicamentos. Quando o inchaço ocorre na parte profunda da pele e não na superfície, o quadro é chamado de angioedema. Geralmente surge em torno dos olhos, lábios, genitais, mãos e pés.

Dermatite de contato

Quando erupções cutâneas e bolhas surgem na pele, é possível que o quadro se trate de uma dermatite de contato. Essa condição é provocada após o contato com certas substâncias. Pode ser classificada em dois tipos: irritativa e alérgica. Suas causas mais comuns são: detergentes, shampoos, metais, vernizes, medicamentos tópicos, luvas de látex.

Dermatite atópica (eczema)

Condição crônica frequentemente associada com alergia alimentar, rinite alérgica e asma, a dermatite atópica costuma surgir na infância. Provoca pele seca, vermelha e irritada, além de coceira. Os desencadeantes incluem alguns alimentos, caspa de animais, ácaros de poeira, sudorese, lã e sabonetes.

Alergia a picada de inseto (estrófulo)

Após sofrer uma picada, algumas pessoas apresentam reações alérgicas ao veneno dos insetos. Os maiores causadores são as abelhas, vespas e formigas. É importante ressaltar que algumas reações são comuns em todas as pessoas e não necessariamente se tratam de alergia. No quadro alérgico ocorrem sintomas como dor, vermelhidão, inchaço e coceira no local da picada, que duram por mais tempo. Em casos mais graves, é possível haver uma reação anafilática.

Alergia ao látex

As reações alérgicas ao látex ocorrem em pessoas que têm alergia a proteína presente nos produtos feitos com a borracha natural. Esse componente é bastante comum em materiais médicos e odontológicos (luvas, bandagens, curativos), preservativos, balões, brinquedos, óculos e pneus. A condição é mais comum na classe médica, devido ao contato direto e diário ao látex.

Alergia ao frio

Apesar de rara, a exposição ao frio pode provocar alergias na pele em forma de erupções e coceira. O quadro se manifesta após a exposição a temperaturas baixas, contato com água fria ou objetos frios e ingestão de alimentos ou bebidas frias.

Alergia a cosméticos

Alguns produtos de beleza, como shampoos, perfumes, sabonetes e itens de maquiagem, podem deixar a pele irritada e provocar erupções cutâneas, dermatites e urticária. Em alguns casos, pode haver ainda dificuldade para respirar e irritação da mucosa. É causada por alérgenos sintéticos ou naturais presentes na composição dos cosméticos.

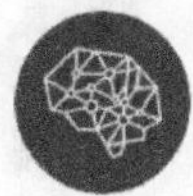

Alergia ao níquel

Muito usado em bijuterias e acessórios, o níquel é um metal que apresenta alto potencial alérgico. Os sintomas costumam surgir de 12 a 48 horas após o contato e incluem coceira, vermelhidão, erupções e inchaço. Em situações mais graves, a pele pode ficar infectada, causando queimação e pus.

A alergia alimentar

As alergias alimentares ocorrem quando há uma reação anormal às proteínas dos alimentos, podendo surgir manifestações até mesmo dias depois da ingestão. Os sintomas podem atingir a pele, o trato gastrointestinal, o sistema cardiovascular e o trato respiratório.

Dentre os alimentos que podem causar alergia estão:

- Soja;
- Leite;
- Amendoim;
- Glúten;
- Peixe;
- Ovo;
- Nozes;
- Castanhas;
- Peixes e frutos do mar;
- Trigo.

Alergias alimentares são mais comuns na infância e tendem a ser superadas mais facilmente em comparação a fase adulta. A duração das alergias também pode variar de acordo com o alimento: amendoim, castanhas, peixes e frutos do mar tipicamente persistentes.

Alergia ao leite de vaca (APVL)

Mais comum em crianças na fase de transição alimentar, a alergia ao leite de vaca é uma reação do sistema imunológico às proteínas presentes no leite. O quadro pode provocar sintomas gastrointestinais (dor de estômago, vômitos, gases, diarreia) e no trato respiratório (sibilância). Além disso, pode evoluir para uma reação mais grave, conhecida como Síndrome da Enterocolite Induzida por Proteína Alimentar (FPIES), que causa uma inflamação intestinal intensa.

Intolerância ou Alergia?

Apesar de apresentarem sintomas semelhantes, a intolerância é diferente da alergia alimentar. No primeiro caso, o organismo apresenta dificuldade na digestão e não existe a interferência do sistema imunológico. Já no processo alérgico, ocorre uma reação anormal acionada pelo sistema imune, que pode trazer complicações mais graves.

É importante saber diferenciar a condição para prevenir-se de reações alérgicas em casos comprovados de alergia ao alimento.

A alergia a medicamentos

O uso de remédios sem orientação médica pode representar uma ameaça e provocar reações graves em pessoas alérgicas, como queda de pressão arterial, falta de ar e até mesmo anafilaxia. Caso o paciente note qualquer reação diferente após o uso de um medicamento, é possível que exista a alergia.

Os principais causadores da alergia a medicamentos incluem:

- Analgésicos;
- Anti-inflamatórios (Aspirina, Ibuprofeno, Dicoflenaco);
- Antibióticos (Penicilina);
- Quimioterapia.

O diagnóstico dessa condição pode ser feito por meio do histórico do paciente. É importante que o médico e o dentista tenham conhecimento de possíveis reações para prescrever o tratamento adequado nesses casos.

A alergia ocular (conjuntivite alérgica)

Essa reação inflamatória é provocada pelo contato com diferentes tipos de alérgenos. Os sintomas incluem vermelhidão, coceira e queimação na região dos olhos ou em suas estruturas próximas, como as pálpebras. A secreção também pode ocorrer em alguns casos, mas costuma ser mais comum na forma infecciosa da doença.

Os fatores de risco

Qualquer pessoa, em qualquer idade, pode desenvolver um processo alérgico. Porém, em crianças as alergias são bastante comuns, especialmente as alimentares.

As chances de apresentar a condição também são aumentadas pelo fator genético. Se existirem casos de alergia nos membros da família, é muito

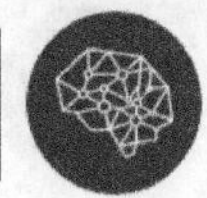

provável que você também apresente a doença ao entrar em contato com o alérgeno.

Situações que causam imunidade baixa, como após contrair uma doença e durante uma gravidez, além de fatores como o fumo, poluição, infecção e hormônios, também contribuem para o desenvolvimento de alergias.

Os sintomas da alergia

Os sinais de quadros alérgicos variam de acordo com o tipo de alergia e dependem da substância (alérgeno) envolvida. Tais sintomas podem afetar as vias aéreas, seios paranasais, pele e sistema digestivo.

Alergias respiratórias

- Espirros;
- Nariz congestionado;
- Olhos lacrimejantes, vermelhos ou inchados;
- Prurido nasal;
- Inchaço da boca e/ou vias respiratórias;
- Pálpebras inchadas;
- Coriza.

Alergias na pele

1. Inchaço;
2. Edema;
3. Coceira;
4. Vermelhidão;
5. Pele seca;
6. Erupção cutânea;
7. Prurido cutâneo;
8. Tosse, aperto no peito, chiado ou falta de ar (alergia a picada de insetos).

Alergia alimentar

- Inchaço nos lábios, língua, face ou garganta;
- Urticária;
- Formigamento na boca;
- Diarreia;
- Dor de estômago;
- Náuseas e vômitos.

Alergia a medicamentos

- Comichão na pele;
- Erupção cutânea;
- Inchaço facial;
- Sibilância.

Alergia ocular (conjuntivite alérgica)

- Pálpebras inchadas;
- Olhos lacrimejantes;
- Prurido nos olhos;
- Olhos vermelhos.

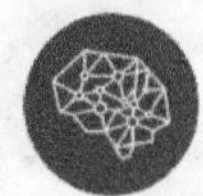

A cura de alergia – o que acontece

O Dr. Michael Levi (investigador no campo de imunologia e genética e vencedor do Prêmio da Associação de Saúde Mundial pelo seu trabalho, nos anos 50, que demonstra que vírus são infecções) – definiu que uma **alergia é como uma fobia do sistema imune.**

Como a PNL possui um processo de cura de fobia e este processo é muito rápido, se trouxe este para tratar do sistema imune.

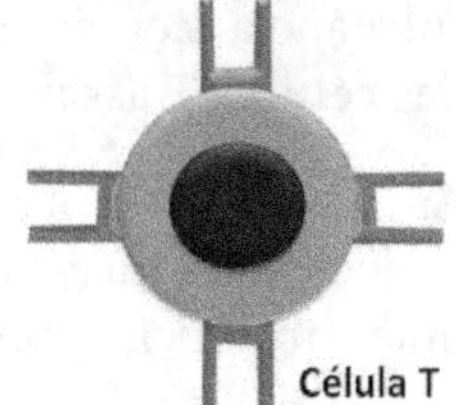

Célula T

O sistema imune cometeu um erro sobre o que era perigoso e marcou a substância colocando-a como parte ativa de ação do sistema imune. Este erro uma vez cometido, a célula é codificada no corpo, o sistema imune entrará imediatamente em ação, toda vez.

Nós devemos agradecer nosso sistema imune por ter operado deste modo. Uma vez que um vírus de resfriado ou bactéria for marcado, o sistema imune agirá para responder àquele perigo. Porém, não é muito agradável, quando entra em ação quando não houver nenhum perigo. Porque seu sistema imune aprendeu que tão depressa, isso significa que é mesmo ensinável. O que nós queremos fazer é agora ensiná-lo a ter uma nova resposta. Nós queremos mostrar que a resposta que está tendo é agora um que não precisa ter. Nós vamos dar-lhe uma resposta mais apropriada. Nós estaremos dizendo a seu sistema imune, *"Não esta resposta, esta resposta. Não isto; isto."* Assim é apenas uma questão de treinar novamente.

Já vimos anteriormente como o sistema imune funciona; e, é realmente bastante interessante o que acontece com uma alergia, é que seu sistema imune tem uma super-reação e se tornou super ativo. Há vários tipos diferentes de células com funções diferentes.

O **macrofagócito** é a células que tipicamente cuidada de qualquer coisa como feno, grama ou pó (uma substância inócua) que você inspira. Estas células são células comedoras de carniça. Elas são como um pequeno polvo com tentáculos longos que alcançam e ingerem qualquer substância estrangeira que possam entrar no corpo.

Macrofagócito

Quando um macrofagócito encontrar um vírus, ingere parte deste, mas também exibe uma parte como uma bandeira. É quase como uma bandeira de vitória que está sendo segura até alertar o restante do sistema imune de que o corpo foi invadido. Esta bandeira alerta a **células T** ajudante para o possível perigo.

O trabalho delas é cercar esta bandeira erguida até que ela seja marcada como uma substância perigosa. Se houver uma fuga, eles agarrarão à substância e enviarão uma mensagem imediatamente solicitando ajuda das **células T assassinas.**

As células T assassinas chegam rapidamente prontas para lutar. Elas vêm onde a bandeira está sendo sustentada e explodem o vírus injetando nele uma substância química.

No entanto, isso é muito útil e funcional quando se trata de um vírus ou bactéria, mas com uma alergia, a células T assassina ataca suas próprias células saudáveis.

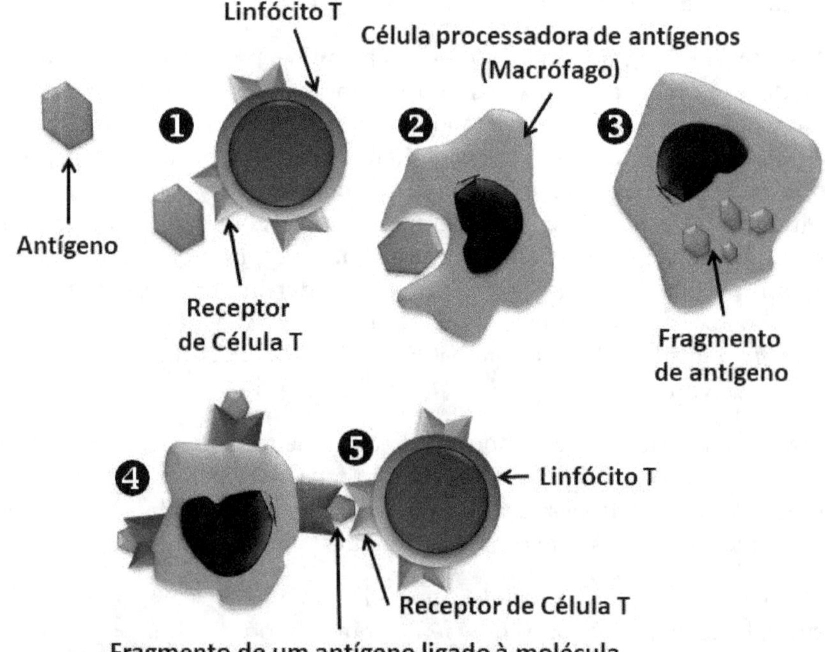

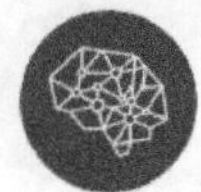

Processo de Cura de Alergia – A Metáfora

Processo (Detalhado) De Cura Rápida De Alergia

1. **Calibrar.**
   a) Pergunte: "O que acontece com você quando está na presença do alergênico?"
   b) Observe a fisiologia da pessoa, movimento dos olhos, respiração, etc.

2. **Explique o engano do sistema imune.**
   a) Conte a metáfora do engano.

3. **Cheque o ganho secundário e a ecologia.**
   a) "Como seria a sua vida sem isto?" "Há alguma consequência positiva ou negativa?"
   b) Use qualquer técnicas da PNL que você precise para lidar neste momento com ecologia antes de prosseguir.

4. **Ache um contraexemplo que seja semelhante ao alergênico; ao qual o sistema imune responde adequadamente a ele.**
   a) Ancore a resposta e então segure a âncora ao longo de todo o processo.
   b) Tenha certeza de que a pessoa está associada quando você fixar a âncora.
   c) Se possível deixe a pessoa propor o seu próprio exemplo do que é semelhante.

5. **Mantenha a pessoa dissociada.**
   a) Um modo fácil para estabelecer a dissociação é usar uma cúpula de vidro como proteção. Enquanto mantém a âncora, a faça se ver do outro lado da cúpula de vidro e que ela tem recursos.
   b) Use todas as suas habilidades de linguagem para sugerir que ela é *"o que você quer ser"*, e que o sistema imune dela opera adequadamente.

6. **GRADUALMENTE, introduza o alergênico.**
   a) Conforme ela vai se vendo do outro lado da cúpula, vá introduzindo o alergênico, a coisa que criava o problema, lentamente. Introduza num processo gradual que lhe dê a oportunidade a se acostumar a este. Espere, neste momento, até que você veja uma mudança fisiológica. Isto é como que o sistema imune diz, *"certo, eu tenho isto. Eu mudarei o sinal em minha bandeira para que não corresponda com quaisquer das células T que eu tenho. "*

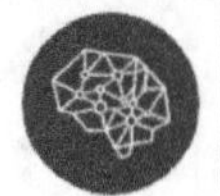

7. **Reassociar.**

   a) Traga o eu dela dissociado para dentro do próprio corpo dela e a faça imaginar que ela está na presença do alergênico

   b) Continue segurando a âncora de recurso o tempo todo.

8. **Passeio ao Futuro.**

   a) A faça imaginar num tempo no futuro quando ela estará na presença da coisa que criava uma resposta alérgica para ela.

9. **Teste.**

   a) Se você puder testar de fato cuidadosamente naquele mesmo lugar, faça isso. Se não, recalibre para ver se a fisiologia, acesso ocular, respiração, etc. mudaram.

 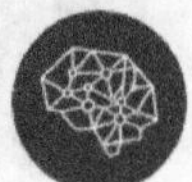

O Processo (Resumido) – Cura Rápida de Alergia

1. Calibrar.

2. Explique o engano do sistema imune.

3. Cheque o ganho secundário e a ecologia.

4. Ache um contra-exemplo que seja semelhante ao alergênio; ao qual o sistema imune responde adequadamente a ele.

5. Mantenha a pessoa dissociada.

6. GRADUALMENTE, introduza o alergênio.

7. Reassociar.

8. Passeio ao Futuro.

9. Teste.

O Processo de Cura da Alergia das Três Âncoras

1) Calibre.

2) Explique o engano do sistema imune.

3) Cheque o ganho secundário e a ecologia

4) ...

   a) Mantenha a pessoa dissociada, e ancore o estado de dissociação. Isto é lhe dá a confiança que você pode manter a pessoa dissociada.
   b) Ache um recurso de contraexemplo apropriado e ancore-o. Isto é igual ao outro processo.
   c) Pergunte à pessoa como ela quer se sentir/estar quando ela estiver na presença do alergênico. Ancore.

5) Use todas as três das âncoras começadas no Passo 4 para ter a pessoa se vendo com estes recursos a sua disposição.

6) Gradualmente introduza o alergênico no estado dissociado.

7) Solte a âncora de dissociação e o reassocie, porém mantenha as outras duas ancoras de recursos.

8) Passeio ao Futuro usando as duas âncoras de recurso.

9) Teste.

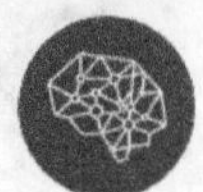

Glossário de Termos de PNL

Acompanhar - Adotar partes do comportamento de outra pessoa para aumentar o rapport. Obter e manter rapport com outra pessoa, entrando no seu modelo de mundo. É possível acompanhar crenças, ideias e comportamentos. Acompanhar a si próprio é dar atenção à sua própria experiência sem imediatamente tentar mudá-la.

Acuidade sensorial - O processo de aprender a fazer distinções mais finas e mais úteis das informações sensoriais que obtemos do mundo. Um dos pilares da PNL.

Além da identidade - O nível de experiência no qual você é mais Você e mais conectado aos outros. Um dos níveis neurológicos. Frequentemente chamado de nível espiritual.

Ambiente - O onde, o quando e as pessoas com quem estamos. Um dos níveis neurológicos.

Ambiguidade de pontuação - Ambiguidade criada pela fusão de duas frases separadas em uma única oração.

Ambiguidade fonética - A que ocorre entre duas palavras que têm o mesmo som, mas significados diferentes (conserto/concerto, estático/extático).

Ambiguidade sintática - Ambiguidade provocada pela construção da frase, criando uma duplicidade de sentido. O mesmo que anfibologia.

Análise contrastante - Comparar dois ou mais elementos e procurar as diferenças críticas entre eles para compreendê-los melhor.

Analógico - Que oscila de forma contínua, como o mercúrio em um termômetro.

Âncora - Qualquer estímulo que evoque uma resposta. Âncoras mudam nosso estado. Podem ocorrer naturalmente ou ser estabelecidas de forma intencional.

Ancoragem - O processo pelo qual qualquer estímulo ou representação (externa ou interna) fica conectado a uma reação e a dispara.

Anfibologia - Ambiguidade provocada pela construção da frase, criando uma duplicidade de sentido. Também chamada ambiguidade sintática.

Associado - Dentro de uma experiência, enxergar através dos próprios olhos, de plena posse de todo os seus sentidos.

Através do tempo - Ter uma linha de tempo na qual você está dissociado de sua linha de tempo e, portanto, tem consciência do passar do tempo.

Auditivo - Relativo à audição.

Automodelagem - Modelar seus próprios estados de excelência como recursos.

Busca ou pesquisa transderivacional - É essencialmente o processo de pesquisar na sua experiência passada por memórias e/ou representações mentais para encontrar uma referência para um comportamento ou julgamento atual.

Calibração - Perceber com precisão o estado de outra pessoa através da leitura de sinais não-verbais.

Campo unificado - Estrutura unificadora da PNL. Uma matriz tridimensional de níveis neurológicos, posições perceptivas e tempo.

Capacidade - Uma estratégia bem-sucedida para realizar uma tarefa. Uma habilidade ou um hábito. Também uma maneira habitual de pensar. Um dos níveis neurológicos.

Cinestésico - Relativo ao sentido do tato. Sensações tácteis e sensações internas como sensações e emoções lembradas e o senso de equilíbrio.

Citação - Padrão linguístico no qual a mensagem é expressa como se fosse de outra pessoa.

Comando embutido - Um comando que está embutido em uma sentença mais longa. É demarcado por tom de voz ou gestos.

Como se - Usar a imaginação para explorar as consequências de pensamentos ou ações "como se" tivessem ocorrido quando na realidade não aconteceram. Uma forma de planejamento por sequência imaginária de acontecimentos futuros.

Comportamento - Qualquer atividade, incluindo os processos mentais. Comportamento é um dos níveis neurológicos.

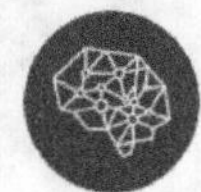

Conciliação de objetivos - O processo de agrupar vários objetivos, otimizando as soluções. É a base das negociações onde todos saem ganhando.

Condições de boa formulação - Um conjunto de condições para expressar e pensar a respeito de um objetivo ou resultado e que o torna tanto alcançável quanto verificável.

Congruência - Estado de integridade. Alinhamento de crenças, valores, habilidades e ação de tal maneira que você "faz o que está dizendo". Estar em rapport consigo mesmo.

Consciente - Relativo a tudo que está na nossa percepção (consciência) no momento presente.

Contexto - O cenário específico, como tempo, local e pessoas presentes, que dá significado a um evento. Certas ações são possíveis (por exemplo, em família), ações estas que não são permitidas em outros contextos (por exemplo, no trabalho).

Crenças - As generalizações que fazemos sobre outros, sobre o mundo e sobre nós mesmos que se tornam nossos princípios operacionais. Agimos como se fossem verdadeiras e são verdadeiras para nós.

Critério - O que é importante para a pessoa dentro de um determinado contexto.

Critérios de boa formulação - Uma maneira de pensar e expressar o objetivo que o torna passível de ser atingido e verificado. Esses critérios são a base da conciliação de objetivos e das soluções mutuamente satisfatórias.

Deleção - Omissão de uma parte de uma experiência.

Descrição baseada nos sentidos - A informação que pode ser diretamente observada e comprovada pelos sentidos. Trata-se da diferença entre dizer "Seus lábios estão levemente separados, revelando uma parte dos dentes, e os cantos de sua boca estão ligeiramente elevados" e "Ela está feliz" - que é uma interpretação.

Descrição múltipla - Processo de descrever a mesma coisa a partir de diferentes pontos de vista.

Descrição tripla - Processo de perceber e descrever a experiência através da primeira, segunda e terceira posição.

Desequiparação - Adoção de padrões de comportamento diferentes dos de outra pessoa com a finalidade de interromper sua comunicação com você (em uma reunião ou conversa), ou a maneira dela se relacionar com ela mesma.

Dessemelhar - Adotar padrões de comportamento diferentes dos de outra pessoa; quebrar o rapport a fim de redirecionar ou interromper uma reunião ou conversa.

Diálogo interno - Falar consigo mesmo.

Digital - Capaz de estados distintos, mas não é uma escala contínua. Por exemplo, um interruptor de luz, que pode estar ligado ou desligado, mas não um pouco ligado ou um pouco desligado.

Dissociado - Que não está dentro de uma experiência, que observa ou ouve de fora.

Distorção - Processo pelo qual algo na experiência interior é representado de maneira incorreta e limitadora.

Ecologia- Uma preocupação e exploração das consequências gerais de seus pensamentos e ações na teia geral de relacionamentos na qual você se define como parte. Ecologia interna é como os diferentes pensamentos e sentimentos de uma pessoa se encaixam para torná-la congruente ou incongruente.

Eliciação - Provocação ou evocação de uma forma de comportamento, de um estado ou de uma estratégia.

Encadeamento - Sequenciar uma série de estados.

Enquadramento - Uma maneira de ver alguma coisa; um ponto de vista específico. Por exemplo, o enquadramento da negociação vê comportamento como se fosse uma forma de negociação.

Epistemologia - O estudo de como sabemos o que sabemos.

Equiparação - Adoção de partes do comportamento, das habilidades, crença ou valores de outra pessoa com a finalidade de aumentar o rapport.

Equiparação cruzada - Equiparação da linguagem corporal de uma pessoa com um movimento do tipo diferente. Por exemplo, mover sua mão no ritmo de sua fala.

Equivalência complexa - Duas afirmações consideradas como significando a mesma coisa, uma forma de comportamento e

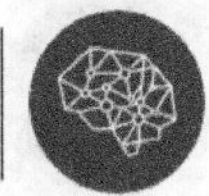

uma capacidade. Por exemplo: "Ele não está olhando para mim, portanto não está ouvindo o que digo".

Espelhamento - Equiparação exata das partes do comportamento de outra pessoa.

Espelhamento cruzado - Acompanhar a linguagem corporal de uma pessoa com um movimento diferente, por exemplo, bater o pé no ritmo da sua fala.

Espelhar - Copiar de maneira precisa segmentos do comportamento de outra pessoa.

Espiritual - Ver "Além de identidade".

Estado - A maneira como a pessoa se sente, o seu humor. A soma de todos os processos neurológicos e físicos de uma pessoa num determinado momento. O estado em que nos encontramos afeta nossas capacidades e nossa interpretação da experiência.

Estado associado - Estar dentro de uma experiência, vendo através de seus próprios olhos, estando plenamente em seus sentidos.

Estado dissociado - Estar distanciado de uma experiência, vendo, ouvindo e sentindo como se estivesse do lado de fora. De alguma forma sentir-se "fora" ou "desligado".

Estado emocional - Ver "Estado".

Estado-base - O estado mental normal e habitual.

Estados de recursos - A experiência neurológica e física quando a pessoa tem recursos.

Estratégia - Uma sequência de pensamentos possível de ser repetida que leva a ações que consistentemente produzem um resultado específico.

Estrutura "como se" - Fingir que um acontecimento ocorreu, para poder pensar "como se" ele tivesse ocorrido, o que permite encontrar soluções criativas para os problemas e ultrapassar mentalmente obstáculos aparentes a fim de chegar às soluções desejados.

Estrutura - Um contexto ou uma maneira de perceber algo, como por exemplo na estrutura de objetivos, estrutura de rapport, estrutura de recapitulação etc.

Estrutura de superfície - A forma visível derivada da estrutura profunda através de omissão, distorção e generalização. Em linguística transformacional, as palavras que são efetivamente ditas.

Estrutura profunda - Em gramática transformacional, essa é a forma linguística completa da afirmação da qual a estrutura superficial (o que foi efetivamente dito) é derivada. De modo geral, é a estrutura mais geral que dá margem a uma forma visível específica.

Evocar - Entrar em contato com um estado mental através do comportamento. Também significa coleta de informação, seja pela observação direta de sinais não-verbais ou das perguntas do metamodelo.

Exteriorização - Estado no qual a atenção e os sentidos estão voltados para fora. (uptime)

Filtros perceptivos - Ideias, experiências, crenças e linguagem que dão forma ao nosso modelo de mundo.

Feedback - Os resultados de suas ações que retornam para influenciar seus próximos passos. Um dos pilares da PNL.

Filtros perceptivos - Ideias, experiências, crenças e linguagem que dão forma ao nosso modelo de mundo.

Fisiológico - Relativo à fisiologia, à parte física de uma pessoa.

Flexibilidade - Ter muitas escolhas de pensamento e comportamento para alcançar um resultado. Um dos pilares da PNL.

Generalização - Processo pelo qual uma experiência específica passa a representar toda uma classe de experiências ou todo um grupo de experiências.

Gustativo - Relativo ao paladar.

Hierarquia de critério - É essencialmente a ordem de prioridade que uma pessoa aplica para suas ações.

Hipnose - estado alterado de consciência e percepção, de profundo relaxamento, no qual o consciente e o inconsciente podem ser focalizados por ficarem mais receptivos à sugestão terapêutica.

Identidade - A auto-imagem ou autoconceito. Quem a pessoa acha que é. A totalidade do ser. Um dos níveis neurológicos.

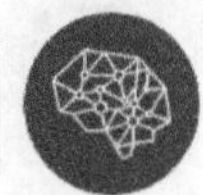

Incongruência - Estado de conflito. O estado de não estar em rapport consigo mesmo, tendo um conflito interno que se expressa em seu comportamento. Pode ser sequencial - por exemplo, uma ação seguida de outra que a contradiz - ou simultânea - por exemplo, concordância em palavras, mas com tom de voz duvidoso.

Inconsciência - Tudo o que não está dentro da nossa percepção no momento.

Inconsciente - Tudo o que não está em sua consciência no momento presente.

Intenção - O propósito de uma ação, o resultado que se deseja obter com ela.

Intenção positiva - O propósito positivo subjacente a qualquer ação ou crença.

Interiorização - Estado leve de transe em que a atenção se volta para dentro, para os próprios pensamentos e sensações. (downtime)

Interrupção de padrão - Mudar o estado de uma pessoa um tanto abruptamente, frequentemente através de sua desequiparação.

Inventário - A consciência de suas experiências visuais, auditivas, cinestésicas, olfativas e gustativas em um dado momento.

Lados - Aspectos da personalidade que às vezes possuem intenções conflitantes.

Liderar ou conduzir - Mudar aquilo que você faz com rapport suficiente para que outra pessoa siga.

Linguagem corporal - A maneira pela qual nos comunicamos através de nosso corpo, sem sons ou palavras. Por exemplo, através de nossa postura, nosso gestos, expressões faciais, aparência e pistas de acesso.

Linguística - estudo da linguagem que usamos para ordenar nossos pensamentos e comportamentos e nos comunicarmos com os outros.

Linha do tempo - A linha que conecta seu passado a seu futuro. O "lugar" onde armazenamos imagens, sons, e sensações de nosso passado e nosso futuro.

Linha temporal - A forma como armazenamos imagens, sons e sentimentos de nosso passado, presente e futuro.

Mapa da realidade - A representação do mundo singular de cada pessoa construída a partir de suas percepções e experiências individuais. Não é apenas um conceito, mas toda uma maneira de viver, respirar e agir.

Mediação - A habilidade de resolver uma disputa entre partes e pessoas.

Meta - Radical que define o que existe num nível lógico diferente. Derivado do grego, significa "acima" ou "além".

Metacognição - A capacidade de saber o que se conhece: ter uma habilidade e poder explicar como ela é realizada.

Meta-estado - Estado sobre estados. Por exemplo, ter raiva de estar cansado.

Metáfora - Comunicação indireta através de uma história ou figura de linguagem implicando uma comparação. Em PNL, metáfora abrange similaridades, histórias, parábolas e alegorias. Implica, de forma aberta ou oculta, que uma coisa é como outra.

Metamodelos - Modelo que identifica os padrões de linguagem que impedem ou obscurecem o significado da comunicação. Utiliza a distorção, a omissão e a generalização e perguntas específicas que vão esclarecer e colocar em questão a linguagem imprecisa, para ligá-la a uma experiência sensorial e à estrutura profunda.

Metaposição - Uma posição externa a uma situação que permite que você a veja de forma mais objetiva. Também usada para a posição de observador em exercícios de PNL.

Metaprogramas - Filtros que aplicamos sistematicamente à nossa experiência.

Modelagem - Processo de discernir a sequência das ideias e comportamentos que permitem a alguém fazer uma tarefa. É a base da aprendizagem acelerada e da PNL.

Modelo - Uma descrição prática da maneira como algo funciona e que tem como propósito a utilidade. Uma cópia generalizada, omitida ou distorcida, mas não demasiadamente simples, para ser útil.

Modelo de mundo - O mesmo que mapa da realidade.

 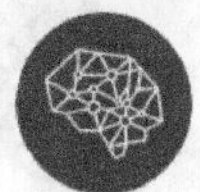

Modelo Milton - O inverso do metamodelo. Utiliza padrões de linguagem bastante vagos para acompanhar a experiência de outra pessoa e ter acesso a recursos inconscientes. Uma série de padrões de linguagem modeladas por Grinder e Bandler a partir de Milton Erickson.

Mudança de primeira ordem - Uma mudança que não tem ramificações futuras.

Mudança de segunda ordem - Mudança que tenha extensas ramificações para áreas outras que não aquela onde a mudança ocorreu.

Negociação - O processo de tentar obter seu resultado lidando com outra parte que pode desejar um resultado diferente.

NeuroLinguística - é o estudo das relações entre a linguagem e os processos neurológicos (audição, visão, sensações, olfato e paladar).

Níveis neurológicos - Também conhecidos como níveis lógicos da experiência: ambiente, comportamento, capacidade, crença, identidade e nível espiritual.

Nível lógico - Algo está num nível lógico superior quando inclui algo que se encontra num nível lógico inferior.

No tempo - Ter uma linha de tempo com o "agora" passando pelo seu corpo. Quando você está "no tempo", não percebe sua passagem, mas é "levado junto".

Nominalização - Termo linguístico para o processo de transformar um verbo em um substantivo abstrato e a palavra para o substantivo assim formado. Por exemplo: "relacionar" passa a ser "um relacionamento" - um processo se tornou uma coisa.

Novo código - Abordagem da PNL, segundo o trabalho de John Grinder e Judith DeLozier, contida no livro "Turtles all the way down".

Objetivo - Resultado específico que se deseja alcançar. Baseia-se nos sentidos e obedece a critérios de boa formulação.

Olfativo - Relativo ao olfato.

Omissão - No discurso ou no pensamento, exclusão de uma parte da experiência.

Operador modal de necessidade - - Palavras que implicam regras quanto ao que é necessário. Por exemplo, "deveria, "deve", "ter que" e "não deveria".

Operador modal de possibilidade - Palavras que implicam regras quanto ao que é possível. Por exemplo, "posso", "não posso", "possível", "impossível".

Orientar - Modificar o próprio comportamento e estabelecer rapport, para que outra pessoa o siga.

Partes - Aspectos da personalidade que às vezes possuem intenções conflitantes.

Pilares de PNL - Você, pressuposições, resultado, rapport, flexibilidade e feedback (acuidade sensorial).

Pistas de acesso - As maneiras pelas quais ajustamos nossos corpos através de nossa respiração, postura, gestos e movimentos oculares para pensarmos de determinadas maneiras.

Pistas de acesso oculares - Movimentos dos olhos em certas direções que indicam pensamento visual, auditivo ou cinestésico.

Pistas visuais de acesso - Movimentos oculares em determinadas direções, que indicam pensamento visual, auditivo ou cinestésico.

PNL - Programação NeuroLinguística é definida como o estudo da estrutura da experiência subjetiva, o que pode ser deduzido e predito por ela já que se crê que todo o comportamento tem uma estrutura. (Richard Bandler)

A parte "Neuro" da PNL reconhece a ideia fundamental de que todos os comportamentos nascem dos processos neurológicos da visão, audição, olfato, paladar, tato e sensação. Percebemos o mundo através dos cinco sentidos. "Compreendemos" a informação e depois agimos. Nossa neurologia inclui não apenas os processos mentais invisíveis, mas também as reações fisiológicas a ideias e acontecimentos. Uns refletem os outros no nível físico. Corpo e mente formam uma unidade inseparável, um ser humano.

A parte "Linguística" do título indica que usamos a linguagem para ordenar nossos pensamentos e comportamentos e nos comunicarmos com os outros.

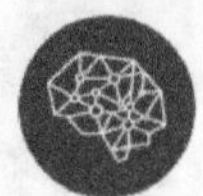

A "Programação" refere-se à maneira como organizamos nossas ideias e ações à fim de produzir resultados. A PNL trata da estrutura da experiência humana subjetiva, de como organizamos o que vemos através dos nossos sentidos. Também examina a forma como descrevemos isso através da linguagem e como agimos, intencionalmente ou não, para produzir resultados.

Do livro: Introdução à Programação Neurolinguística - J.O'Connor/J.Seymour

Ponte para o futuro - Ensaio mental de um objetivo para assegurar que o comportamento desejado irá ocorrer.

Posição perceptiva - O ponto de vista que adotamos num determinado momento para ter consciência de alguma coisa. Pode ser o nosso próprio ponto de vista (primeira posição), o ponto de vista de outra pessoa (segunda posição), ou o de um observador objetivo (terceira posição).

Postulado de conversação ou conversacional - Forma hipnótica de linguagem, uma pergunta que é interpretada como uma ordem.

Predicados - Palavras que, baseadas nos sentidos, indicam o uso de um determinado sistema representacional.

Pressuposições - Ideias ou crenças que são pressupostas, ou seja, consideradas como dadas e sobre as quais se age. Um dos pilares da PNL.

Primeira posição - Maneira de perceber o mundo unicamente do nosso próprio ponto de vista. Estar em contato com a nossa realidade interna. Uma das três posições perceptivas.

Programação neurolinguística - O estudo da excelência e o modelo de como as pessoas estruturam sua experiência.

Quantificadores universais - Termo linguístico que se aplica a palavras como: "todos" e "sempre", que não admitem exceções. Uma das categorias do metamodelo.

Quebra de estado - O uso de movimento, som ou imagem para mudar o estado emocional.

Rapport - Um relacionamento de confiança e responsividade com você mesmo ou com os outros. Um dos pilares da PNL.

Recapitulação - Revisar ou resumir, usando as palavras-chave, os gestos e a tonalidade de voz de outra pessoa.

Recurso - Qualquer coisa que possa ajudá-lo a alcançar um resultado. Por exemplo, fisiologia, estados, pensamentos, crenças, estratégias, experiências, pessoas, eventos, bens, lugares e histórias.

Remodelar - O mesmo que ressignificar.

Representação - Uma imagem mental; informações sensoriais codificadas ou armazenadas na mente.

Representações internas - Padrões de informação que criamos e armazenamos em nossa mente, combinando imagens, sonhos, sensações, cheiros e paladares.

Ressignificacão - Compreender uma experiência de forma diferente, dando a ela um significado diferente.

Ressignificação de conteúdo - Tomar uma afirmação e dar-lhe um novo significado, voltando a atenção para outra parte do conteúdo e perguntando: "O que mais isto poderia significar?"

Ressignificação de contexto - Mudar o contexto de uma declaração dando-lhe outro significado,através da pergunta: "Onde essa reação seria adequada?"

Ressignificar - Mudar a estrutura de referência para lhe dar um novo significado. O mesmo que remodelar.

Resultado ou objetivo - Uma meta desejada, específica e sensorialmente baseada. Você sabe o que verá, ouvirá e sentirá quando o tiver alcançado. Um dos pilares da PNL.

Segmentação - Mudar sua percepção, subindo ou descendo um nível lógico. O metamodelo segmenta para baixo a parir da linguagem, solicitando instâncias específicas. O Modelo Milton segmenta para cima a partir da linguagem, incluindo uma série de instâncias específicas possíveis em uma estrutura de frase geral. A metáfora segmenta para o lado para um significado diferente no mesmo nível. A segmentação para baixo implica descer ao nível inferior para obter um exemplo específico daquilo que se está estudando. Isto pode ser feito na relação entre membros e classe, ou partes e todo.

Segunda posição - Aquela em que se percebe o mundo do ponto de vista de outra pessoa, em harmonia e em contato com a realidade dela. Uma das três posições perceptivas

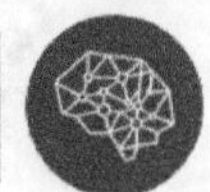

Sinergia - Esforço coordenado de vários subsistemas na realização de uma tarefa complexa ou função. Diz-se que o todo supera a soma das partes.

Sinestesia - Uma ligação automática de um sentido para outro. Por exemplo, quando o som da voz de uma pessoa faz com que você se sinta bem.

Sistema condutor ou orientador - O sistema representacional que você usa para acessar informações armazenadas. Por exemplo, para algumas pessoas, uma imagem mental de um período de férias trará devolta a experiência inteira.

Sistema preferencial - O sistema representacional que a pessoa usa habitualmente para pensar de maneira consciente e organizar sua experiência.

Sistema principal - O sistema representacional que encontra informações para alimentar a consciência.

Sistema representacional - Os diferentes canais através dos quais nós representamos informações internamente, usando nossos sentidos: visual (visão); auditivo (audição); cinestésico (sensação corporal); olfativo (olfato) e gustativo (gosto).

Sistema representacional preferido ou preferencial - O sistema representacional que um indivíduo tipicamente usa para pensar de forma consciente e organizar sua experiência.

Sistema vestibular - Sistema representacional que lida com a sensação de equilíbrio.

Sobrepor - Usar um sistema representacional para ter acesso a outro; por exemplo, criar uma cena e depois ouvir os sons dessa cena.

Submodalidades - As distinções finas que fazemos em cada sistema representacional, as qualidades de nossas representações internas e os menores blocos de construção de nossos pensamentos.

Substantivação - Termo linguístico que indica o processo de transformar um verbo em substantivo abstrato. Exemplo: pensar - pensamento

Sujeitos não especificados - Sujeitos que não declaram claramente a quem ou a que se referem, por exemplo, "eles".

Terceira posição - Aquela em que se percebe o mundo do ponto de vista de um observador distante e indulgente. Uma das três posições perceptivas.

Transe - Estado alterado de consciência em que a atenção se volta para dentro e se concentra em poucos estímulos.

Universais ou quantificadores universais - Palavras como "todos", "tudo" e "nunca" que não admitem exceção.

Valores - Aquilo que é importante para a pessoa, por exemplo, saúde.

Verbos não especificados - Verbos cujo advérbio foi omitido e portanto não expressam a maneira como a ação foi feita. O processo não fica especificado. Por exemplo, "pensar" ou "fazer".

Visual - Relativo ao sentido da visão.

Visualização - O processo de ver imagens mentais.

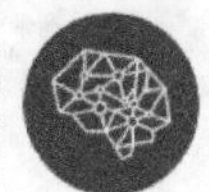

Referências Bibliográficas

ABOTT, Edwin (2002): *"The Annotated Flatland. A Romance of Many Dimensions"*, Basic Books

ADER, R. and COHEN, N., *Psychoneuroimmunology*, Academic Press, New York, NY, 1981.

BANDLER, Richard; GRINDER, John & SATIR, Virginia. (1976): *"Changing with Families"*, Science and Behavior Books, Inc.

BANDURA. A. (1977). *Self Efficacy: Toward a Unifying Theory of Behavioral Change*, Psychological Review, 84

BATESON, G. *Passos para uma Ecologia da Mente.*

BATESON, Gregory (1979): *"Mind and Nature"*, E.P. Dutton

BECK, Don Edward; COWAN, Christopher C. *Spyral Dynamicas – Exploring the New Science of Memetics.* Blackwell. 1996.

BOORSTIN, Daniel J. *The Creators: A History of Heroes of the Imagination.* New York: Random House, Inc., 1992.

CAMERON-BANDLER, Leslie & LEBEAU, Michael. (1993). *O Refém Emocional.* Summus.

CHAPLIN, J. P., Ph.D. *Dictionary of Psychology.* New York: Bantam Doubleday Dell Publishing Group, Inc., 1985.

COOPER, Robert & SAWAF, Ayman. (1997). *Inteligência Emocional na Empresa.* 2ª ed., Editora Campus.

DILTS, R. *From Coach to Awakener.* 2003.

DILTS, R., HOLLANDER, J. *NLP and Life Extension: Modeling Longevity*, Dynamic Learning Publications, Ben Lomond, CA, 1992.

DILTS, Robert, HALLBOM, Tim,; SMITH, Suzi. *Beliefs: Pathways to Health and Well-Being*, Metamorphous Press, Portland, OR, 1990.

DILTS, Robert. *Applications of NLP*; Meta Publications, Capitola, CA, 1983.

DILTS, Robert. *Changing Belief Systems with NLP*, Meta Publications, Capitola, CA, 1990.

DILTS, Robert. *Cómo cambiar creencias com la PNL.* Sirio. 1190.

DILTS, Robert. *El Poder de la Palabra PNL.* Urano. 2008.

DILTS, Robert. *Neuro-Linguistic Programming Vol. I;* Meta Publications, Capitola, CA, 1980.

DORSCH, Friedrich. (1981). *Diccionario de Psicología.* Editorial Herder, Barcelona.

ELLEN, Glen. (1993). *Um Curso em Milagres – Foundation For Inner Peace.*Traduzido por Lillian Salles de Oliveira Paes – Instituto de Educação Espiritual, RJ.

ERICKSON, Erik H. *Childhood and Society.* W.W.Norton & Compa. 1993.

FADIMAN, James & FRAGER, Robert. *Teoria da Personalidade.* Harbra, São Paulo, SP, 1986.

FRIDMAN, Howard S. & SCHUSTACK, Miriam W. *Teorias da Personalidade – da teoria clássica à pesquisa moderna.*Pearson/Prentice Hall, São Paulo, SP, 2004.

GOLEMAN, Daniel. (1996). *Inteligência Emocional – A teoria revolucionária que redefine o que é ser inteligente*, 3ª ed., Objetiva.

GOLEMAN, Daniel. (1999). *Trabalhando com a Inteligência Emocional*, Objetiva.

GREENBERG, Leslie (1979): *"Resolving Splits"*, Psychotherapy: Theory, Research and Practice, vol. 16, no. 3, pp. 316-324

GREENBERG, Leslie (1983): *"Toward a Task Analysis of Conflict Resolution in Gestalt Therapy"*, Psychotherapy: Theory, Research and Practice, vol. 20, no. 2.

GRINDER, John. BANDLER, Richard. *Atravessando passagens em psicoterapia.* Summus. 1984.

GRINDER, John; BANDLER, Richard. *The Structure of Magic Volume II* (1976).

HIRSCH, E. D., KETT, Joseph F., TREFIL, James. *The Dictionary of Cultural Literacy: What Every American Needs to Know (2nd edition).* Boston: Houghton Mifflin Company, 1993.

KAPLAN, Harold I. M.D., SADOCK, Benjamin J., M.D., eds. *Comprehensive Textbook of Psychiatry/VI, vols. 1 and 2.* Baltimore: Williams & Wilkins, 1995.

KIRSCH. I. (1985). *Response Expectancy as a determinant of Experience and behavior. American Psychological.*

KLARIC, Jürgen. *Venda à Mente não ao Cliente – como aplicar a neurociência para negociar mais falando menos.* Planeta Estratégia. 2017.

LEDOUX, Josef. (1998). *O Cérebro Emocional – Os misteriosos alicerces da vida emocional.* Objetiva.

LÓPEZ, Salvador A. Carrión. *Curso de Master em PNL.* 5ª Ed. Obelisco. 2014.

LÓPEZ, Salvador A. Carrión. *Curso de Practitioner em PNL.* 7ª Ed. Obelisco. 2011.

LYNCH, Dudley; KORDIS, Paul. L. *A Estratégia do Golfinho – a conquista de vitórias num mundo caótico.* Cultix/Amana. 2000.

MACQUEEN, G. et al; *Pavlovian Conditioning of Rat Mucosal Mast Cell to Secrete Rat Mast Cell Protease II;* Science Vol. 243, January 6, 1989.

MCDERMOTT, Ian, O'CONNOR, Joseph. PNL e Saúde – *Recursos da Programação Neurolinguística para uma vida saudável.* Summus. 1997.

MCGREAL, Ian P. *Great Thinkers of the Western World.* New York: HarperCollins Publishers, 1992.

MLODINOW, Leonard. *Subliminar – Como o inconsciente influencia nossas vidas.* Zahar, 2013.

MORSE, Steven and Robert Watson, Jr. *Psychotherapies, A Comparative Casebook.* New York: Holt, Reinhart, and Winston, 1977.

O'CONNOR, Joseph. *Liberte-se dos medos – superando a ansiedade e vivendo sem preocupação.* Qualitymark. 2008.

PERLS, Frederick (1992): *"Gestalt Therapy Verbatim"*, Gestalt Journal Press

PERLS, Frederick; HEFFERLINE, Ralph Franklin & GOODMAN, Paul. (1951): *"Gestalt Therapy"*, Julian Press

PERLS, Fritz. *A Abordagem Gestálitica e Testemunha Ocular da Terapia. 2ª Ed.* Zahar Editores. 1977.

PRESTON, John Psy.D.; JOHNSON, James M.D. *Clinical Psychopharmacology Made Ridiculously Simple.* Miami: MedMaster, Inc., 1990.

ROBBINS, Anthony. *Desperte Seu Gigante Interior – como usar o Condicionamento Neuroassociativo™ para criar mudanças definitivas.* Record. 1993.

ROBBINS, Anthony. *Poder Sem Limites.* 16ª Ed. Best Seller. 1987.

RODIN, Judith; *Aging and Health: Effects of the Sense of Control; Science Vol. 233,* September 19, 1986, pp.1271-1276.

ROSEN, Sidney (1982): *"My Voice Will Go with You"*, W.W. Norton & Company

RUSSELL, M., DARK, K. et al; *Learned Histamine Release;* Science Vol. 225, August 17, 1984.

SADOCK, Benjamin J. MD.; AHMAD, Samoon, M.D. *Pocket Handbook of Clinical Psychiatry, 2nd edition.* Baltimore: Williams & Wilkins, 1996.

SATIR, Virginia (1988): *"The New Peoplemaking"*, Science and Behavior Books, Inc.

SATIR, Virginia. *Terapia do Grupo Familiar. 2ª Ed.* Francisco Alves. 1980.BANDLER, Richard, GRINDER. John. *La Estructura de la Magia Vol. 1. Lenguage y Terapia.* Cuatro Vientos. 1980.

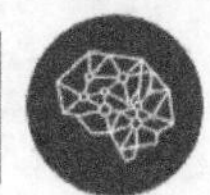

SATIR, Virginia; John Banmen, Jane Gerber & Maria Gomori (1991): *"The Satir Model"*, Science and Behavior Books, Inc.

SCHATZBERG, Alan F. M.D. and Charles B. Nemeroff M.D., Ph.D. *Textbook of Psychopharmacology*. Washington, DC: American Psychiatric Press, 1995.

SHERMER, Michael. *Cérebro & Crença, 2ª Ed.* JSN Editora, 2012.

Site: *"Dr. Albert Ellis."* http://www.iret.org/ellis.html.

Site: *Choice Theory.* http://www.wglasser.com.

Site: Crash (2004): http://www.imdb.com/

Site: Elephant (2003): http://www.imdb.com/

Site: *Gestalt Therapy by Alan Brandis.* http://home.navisoft.com/aapa/gestalt.html.

Site: *Gestalt Therapy: An Introduction.* http://www.gestalt.org/yontef.html.

Site: NLP University. http://www.nlpu.com/NLPU.html

Site: Rashômon (1950): http://www.imdb.com/

Site: *Rational-Emotive Behavior Therapy.* http://www.iret.org/faq.html.

Software: Compuserve: *Grolier's Multimedia Encyclopedia.*

SPENCER-BROWN, G. Laws of Form. Bohmeier. 1969.

SPRITZER, Nelson. *O Novo Cérebro – Como criar resultados inteligentes. L&PM. 1995.*

SPRITZER, Nelson. *Pensamento & Mudança – Desmistificando a Programação Neurolinguística (PNL). L&PM. 1993.*

TRAGER, James. *The People's Chronology: A Year-by-Year Record of Human Events from Prehistory to the Present.* New York: Henry Holt and Company, 1992.

VAN DOREN, Charles. *A History of Knowledge: The Pivotal Events, People, and Achievements of World History.* New York: Ballantine Books, 1991.

VOGEL, Wolfgang. *Coping, Stress, Stressors and Health Consequences*; Neuropsychobiology 13: 1985, pp. 129-135.

WATZLAWICK, Paul (1960): *"How Real is Real"*, Twayne Publishers, Inc.

ZEIG. Jeffrey K., PhD. *Os Seminários Didáticos de Milton H. Erickson.* Imago. 1983.

ZEIG. Jeffrey K., PhD. *Vivenciando Erickson.* Editora Psy. 1985.

www.ingramcontent.com/pod-product-compliance
Lightning Source LLC
Chambersburg PA
CBHW071918120726
48001CB00005B/1782